BRUXELLES ET BRUGES

EN QUELQUES JOURS

Helena Smith

Dans ce guide

L'essentiel

Pour aller droit au but et découvrir les villes en un clin d'œil.

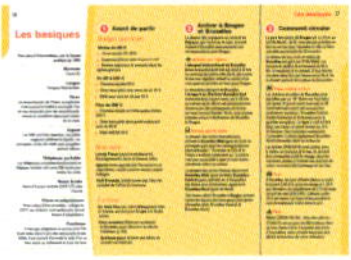

Les basiques
À savoir avant de partir

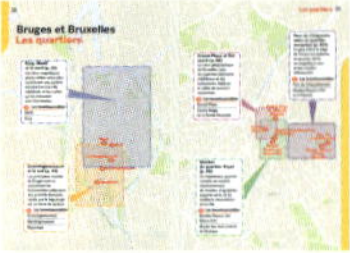

Les quartiers
Se repérer

Explorer Bruxelles et Bruges

Sites et adresses quartier par quartier.

Les incontournables
Pour tirer le meilleur parti de votre visite

100% Bruxelles et Bruges Vivre comme un habitant

Bruxelles et Bruges selon ses envies

Les meilleures choses à voir, à faire, à tester...

Les plus belles balades
Découvrir les villes à pied

Envie de...
Le meilleur de Bruxelles et Bruges

Carnet pratique

Trucs et astuces pour réussir votre séjour.

Hébergement
Une sélection d'hôtels

Transports et infos pratiques

Notre sélection de lieux et d'adresses

- Voir
- Se restaurer
- Prendre un verre
- Sortir
- Shopping

Légende des symboles

- Numéro de téléphone
- Horaires d'ouverture
- Parking
- Non-fumeurs
- Accès Internet
- Wi-Fi
- Végétarien
- Familles bienvenues
- Animaux acceptés
- Bus
- Métro
- Tramway
- Train

Retrouvez facilement chaque adresse sur les plans de quartiers

Bruxelles et Bruges En quelques jours

Les guides En quelques jours édités par Lonely Planet sont conçus pour vous amener au cœur d'une ville.

Vous y trouverez tous les sites à ne pas manquer, ainsi que des conseils pour profiter de chacune de vos visites. Nous avons divisé Bruges et Bruxelles en quartiers, accompagnés de plans clairs pour un repérage facile. Notre auteure expérimentée a déniché les meilleures adresses : restaurants, boutiques, bars et clubs... Et pour aller plus loin, découvrez les endroits les plus insolites et authentiques de Bruges et Bruxelles dans les pages "100% Bruxelles et Bruges".

Ce guide contient également tous les conseils pratiques pour éviter les casse-tête : itinéraires pour visites courtes, moyens de transport, montant des pourboires, etc.

Grâce à toutes ces infos, soyez sûr de passer un séjour mémorable.

Notre engagement

Les auteurs Lonely Planet visitent en personne, pour chaque édition, les lieux dont ils s'appliquent à faire un compte-rendu précis. Ils ne bénéficient en aucun cas de rétribution ou de réduction de prix en échange de leurs commentaires.

L'essentiel 7

Explorer Bruxelles et Bruges 21

Vaut le détour :

Bruxelles et Bruges selon ses envies 123

Les plus belles balades

Envie de ...

Carnet pratique 149

L'essentiel

Bienvenue à Bruxelles et à Bruges

Bruges, la cité romantique du Nord, et Bruxelles, la bouillonnante capitale européenne, sont à deux pas l'une de l'autre : on aurait tort de n'en visiter qu'une seule. Si Bruxelles surpasse Bruges en taille, elles abritent l'une et l'autre des canaux sillonnés par des navettes fluviales, des parcs et des pistes cyclables, des marchés animés, des boutiques de mode d'avant-garde, ainsi que des musées remplis d'œuvres d'artistes de renommée internationale (de Bruegel à Hergé). Tous ces attraits ne doivent pas faire oublier la bière et le chocolat, parmi les plus fameux au monde.

Balade en canot, Bruges
JIM RICHARDSON/NATIONAL GEOGRAPHIC SOCIETY/CORBIS©

Bruxelles et Bruges
Les incontournables

Markt, Bruges (p. 24)

Le cœur battant de Bruges, dominé par un haut beffroi et rehaussé d'illuminations nocturnes. Grimpez au sommet de la tour pour profiter d'une vue imprenable sur la ville.

KRZYSZTOF DYDYNSKI/GETTY IMAGES ©

Groeningemuseum, Bruges (p. 46)

Un condensé de l'histoire de l'art en Belgique, avec notamment une éblouissante collection de primitifs flamands et des œuvres des surréalistes.

BRIAN HARRIS/ALAMY©

Burg (place du Bourg), Bruges (p. 26)

Des bâtiments historiques décorés d'ors et de statues bordent la place du Bourg, où se dresse également la basilique du Saint-Sang.

RICHARD CUMMINS/GETTY IMAGES ©

DEAGOSTINI/GETTY IMAGES©

Memlingmuseum, Bruges (p. 48)

Une petite collection d'œuvres du peintre Hans Memling, dont la châsse dorée de sainte Ursule (ci-dessus), dans la chapelle de l'ancien hôpital Saint-Jean.

BRUCE BI/GETTY IMAGES©

Begijnhof, Bruges (p. 50)

Faites un tour dans les paisibles jardins du Béguinage, qui accueillait jadis veuves et femmes célibataires. L'une des maisons a été transformée en musée.

Grand-Place, Bruxelles (p. 68)

Les magnifiques maisons à pignon des corporations datant du XVIIe siècle et l'hôtel de ville gothique dessinent l'une des places les plus théâtrales d'Europe.

CRAIG PERSHOUSE/GETTY IMAGES©

Musées royaux des Beaux-Arts, Bruxelles (p. 88)

Dédiés à l'art ancien et à l'art moderne, les plus prestigieux musées du pays font la part belle aux primitifs flamands et à René Magritte. Ne manquez pas la *Chute d'Icare* de Bruegel l'Ancien.

JONATHAN SMITH/GETTY IMAGES©

Musée Horta, Bruxelles (p. 116)

Fleuron de l'Art nouveau, la maison de l'architecte Victor Horta combine innovations techniques et créativité artistique.

DOUG McKINLAY/GETTY IMAGES©

Parc du Cinquantenaire, Bruxelles (p. 104)

Poumon vert du quartier de l'Union Européenne, ce vaste parc abrite d'intéressants musées consacrés, entre autres, à l'armée et à l'automobile.

ROGER GAESS/GETTY IMAGES©

Centre Belge de la Bande Dessinée, Bruxelles (p. 70)

Tintin occupe la vedette dans ce temple de la BD belge et internationale, installé dans d'anciens grands magasins conçus par Horta.

JONATHAN SMITH/GETTY IMAGES©

MARTIN MOOS/GETTY IMAGES©

Musée des Instruments de Musique, Bruxelles (p. 90)

Une promenade sonore à travers le monde, dans un remarquable édifice Art nouveau.

HERITAGE IMAGES/CORBIS©

Musées royaux d'Art et d'Histoire, Bruxelles (p. 106)

D'impressionnantes collections couvrant à la fois les antiquités, les civilisations non occidentales et les arts décoratifs européens, en particulier l'Art nouveau.

100% Bruxelles et Bruges
Vivre comme un habitant

Conseils d'initiés pour découvrir le vrai Bruges et le vrai Bruxelles

Bruges a la réputation d'être axée sur le tourisme, mais nous avons déniché de jolies boutiques originales, de petites rues charmantes et peu fréquentées, et de surprenants moulins à vent. À Bruxelles, nous vous ferons découvrir des boutiques de créateurs branchés, et des marchés aux puces et alimentaires.

Shopping dans le centre de Bruges

(p. 28)

▶ Bières improbables

▶ Trésors vintage

À Bruges, on trouve de tout, du fromage artisanal au *jenever* maison, en passant par la vaisselle d'époque. Les grands stylistes belges y ont aussi quelques enseignes. Le Markt, l'impressionnante Grand-Place de la ville, accueille le mercredi un marché alimentaire qui mérite le détour.

Moulins à vent de Sainte-Anne, Bruges

(p. 30)

▶ Moulins à vent

▶ Musée des arts populaires

Vous n'aurez étonnamment aucun mal à échapper à la foule à Bruges. Une petite balade au nord-est du centre permet de découvrir de beaux sites : une église remarquable, un musée des arts populaires et quatre magnifiques moulins à vent. En chemin, n'hésitez pas à vous accorder une pause dans un pub.

Promenade dominicale dans les Marolles, Bruxelles

(p. 118)

▶ Marchés

▶ Petits restaurants

Ce quartier ouvrier traditionnel de Bruxelles réserve bien des surprises. Le marché de la gare du Midi permet de humer l'ambiance cosmopolite de la capitale, tandis que les puces de la place du Jeu de Balle proposent toutes sortes de curiosités. L'endroit abrite également de charmants cafés et restaurants animés.

Shopping à Sainte-Catherine, Bruxelles

(p. 120)

▶ À la pointe de la mode

▶ Concerts de jazz

Les stylistes belges sont connus dans le monde entier pour leur approche originale de la mode. La rue Antoine Dansaert et les rues environnantes abritent toutes les enseignes incontournables. Après un samedi après-midi de shopping bien rempli, rendez-vous à L'Archiduc pour un concert de jazz.

S LUBENOW/GETTY IMAGES©

Étal de marché, Bruges

Vitrine de magasin, Bruxelles

JONATHAN SMITH/GETTY IMAGES©

Autres lieux pour vivre comme un habitant :

Se restaurer en fin de soirée, Bruges (p. 37)

Prendre un verre en fin de soirée, Bruges (p. 38)

La côte belge, Bruges (p. 59)

The Vintage, Bruges (p. 61)

Manger comme un Bruxellois (p. 76)

Manger des gaufres, Bruxelles (p. 78)

Recyclart, Bruxelles (p. 101)

Maison Antoine, Bruxelles (p. 112)

Bruxelles et Bruges En 4 jours

1er jour, Bruges

Baladez-vous parmi les colonnades du **marché au poisson** (p. 41), et le long des canaux, que vous pouvez aussi découvrir en bateau en participant à une **croisière** (p. 53) de 30 minutes. Admirez le panorama embrassant la ville du haut du **beffroi** (p. 25), puis descendez visiter la relique la plus honorée de la ville dans la **basilique du Saint-Sang** (**Heilig-Bloedbasiliek,** p. 27), avant de déjeuner avec les Brugeois au **De Belegde Boterham** (p. 29).

Prenez une leçon d'histoire de l'art, des primitifs flamands aux surréalistes, au **Groeningemuseum** (p. 46), et appréciez le paisible **béguinage** (**Begijnhof**, p. 50), sans négliger le petit musée qu'il abrite. Visitez ensuite la brasserie **De Halve Maan** (p. 57), toujours en activité, où la Brugse Zot a été créée (dégustation comprise dans la visite).

Dînez à l'élégant **Den Dijver** (p. 58), où la bière constitue un ingrédient essentiel en cuisine. Pour déguster davantage de bière flamande, rendez-vous en sous-sol au **'t Poatersgat** (p. 38), ou perdez-vous dans les ruelles adjacentes pour trouver le plus ancien pub de Bruges, le pittoresque **Café Vlissinghe** (p. 38).

2e jour, Bruges

Éloignez-vous du centre historique et consacrez la matinée au quartier Sainte-Anne. Visitez le **Jeruzalemkerk** (p. 31), la boutique de dentelles, le musée des arts populaires et les quatre moulins à vent qui jouissent d'une très belle situation, sur une berge verdoyante. Offrez-vous un déjeuner arrosé d'une *gueuze* au pub **De Windmolen** (p. 31).

Retournez dans le centre pour découvrir une attraction touristique majeure de la ville : les **tableaux de Hans Memling** (p. 48), dans la chapelle d'un hôpital médiéval ; avec le même billet, vous pourrez admirer la très belle pharmacie carrelée du musée. Fuyez une nouvelle fois la foule pour aller vous promener dans le **Minnewater Park** (p. 57), avant de prendre un verre au très populaire **De Stoepa** (p. 58).

Dînez à **L'Estaminet** (p. 29), un petit restaurant animé, puis assistez à un concert de musique classique au moderne **Concertgebouw** (p. 61), ou bien allez voir un film au **Cinema Lumière** (p. 40) d'art et d'essai. Ensuite, prenez un dernier verre au **De Republiek** (p. 38) voisin, très apprécié des jeunes Brugeois.

Votre temps vous est compté ?

Nous avons concocté pour vous des itinéraires détaillés qui vous permettront d'optimiser le peu de temps dont vous disposez.

3e jour, Bruxelles

Les façades dorées qui flanquent la splendide **Grand-Place** (p. 68) scintillent sous le soleil matinal, et c'est l'endroit rêvé pour amorcer une balade dans la capitale. Commencez par en découvrir l'histoire au **musée de la Ville** (p. 69), puis traversez les **Galeries Saint-Hubert** (p. 76), sous verrière, pour arriver à la **cathédrale** (p. 94), non loin des musées.

Profitez de votre passage dans le quartier du Mont des Arts pour déjeuner en terrasse sur le toit du **musée des Instruments de musique** (p. 90), logé dans un spectaculaire bâtiment Art nouveau. Si vous avez du temps et la forme, passez au **musée BELvue** (p. 95) pour un aperçu de l'histoire de Bruxelles et aux **musées royaux des Beaux-Arts** (p. 88), qui exposent des œuvres belges, des primitifs flamands à Magritte, en passant par Bruegel.

Redescendez dîner et assister à un concert de jazz au **Cercle des Voyageurs** (p. 76). Autre possibilité, prenez l'ascenseur en verre à l'extérieur du colossal **palais de justice** (p. 95) pour gagner le quartier des Marolles et dîner dans l'un de ses restaurants réputés, comme **Soul Food** (p. 96) ou **L'Idiot du Village** (p. 119).

4e jour, Bruxelles

Arpentez les boutiques de la rue Antoine Dansaert et des axes adjacents, qui abritent de grands noms de la mode belge et de nouveaux créateurs prometteurs. Puis, pour rester dans la thématique vestimentaire, poursuivez par le **musée du Costume et de la Dentelle** (p. 74), peu connu mais passionnant. Faites ensuite une pause sandwich au branché **Le Fonograf** (p. 80).

Prenez le tram pour aller visiter la magnifique maison Art nouveau de Victor Horta, transformée en **musée** (p. 116), ou bien le métro vers l'est à la découverte des musées et du quartier européen ; les **musées royaux d'Art et d'Histoire** (p. 106) en sont la principale attraction, avec une collection foisonnante d'antiquités. Promenez-vous ensuite dans le verdoyant parc du Cinquantenaire, avant de retourner en ville déguster une gaufre saupoudrée de sucre glace à **Mokafé** (p. 78).

Le soir venu, allez boire un *half-en-half* à **Le Cirio** (p. 80), avant d'assister à un spectacle traditionnel de marionnettes au pittoresque **Théâtre royal de Toone** (p. 82), ou à un concert au **Music Village** (p. 81). Autre possibilité : un concert de musique classique à **BOZAR** (p. 100), conçu par Horta.

Les basiques

Pour plus d'informations, voir le Carnet pratique (p. 149)

Monnaie

L'euro (€)

Langue

Français/Néerlandais

Visas

Les ressortissants de l'Union européenne n'ont aucune formalité à accomplir. Pas de visa nécessaire pour les ressortissants suisses et canadiens séjournant moins de six mois.

Argent

Les DAB sont très répandus. Les petits magasins préfèrent le liquide ; les principales cartes de crédit sont acceptées partout ailleurs.

Téléphone portable

Les téléphones européens fonctionnent en Belgique. Achetez une carte SIM locale pour limiter les coûts.

Heure locale

Heure d'Europe centrale (GMT/UTC plus 1 heure)

Prises et adaptateurs

Prise à deux fiches arrondies ; voltage de 220 V. Les visiteurs nord-américains auront besoin d'adaptateurs.

Pourboire

Il n'est pas obligatoire, le service et la TVA étant inclus dans le prix des restaurants et des hôtels. Il est courant d'arrondir la note d'un ou deux euros au restaurant et dans les taxis.

1 Avant de partir

Budget quotidien

Moins de 60 €

- Lit en dortoir 25-35 €
- Supermarchés et plats du jour à midi
- Musées nationaux et concerts dans les églises gratuits

De 60 à 150 €

- Chambre double 90 €
- Dîner deux plats avec un verre de vin 30 €
- Billet pour un concert de jazz 15 €

Plus de 150 €

- Chambre double en hôtel quatre étoiles 200 €
- Dîner trois plats dans un grand restaurant avec vin 60 €
- Billet BOZAR 65 €

Sites Web

Lonely Planet (www.lonelyplanet.fr). Renseignements, liens et sources utiles.

Agenda (www.agenda.be). Vie nocturne et expositions ; existe aussi en version papier trilingue.

Visit Brussels (visitbrussels.be). Site très complet de l'office du tourisme.

À prévoir

Un mois avant Réservez votre hébergement bien à l'avance, surtout pour Bruges à la haute saison.

Deux semaines avant Réservez un *Greeter* de Bruxelles pour découvrir la ville de l'intérieur (p. 94).

Quelques jours avant Acheter des billets de concert sur Internet.

2 Arriver à Bruxelles et Bruges

La plupart des voyageurs se rendant en Belgique, par l'avion ou le train, arrivent d'abord à Bruxelles puis prennent une correspondance pour Bruges.

Arriver par l'avion

L'**aéroport international de Bruxelles** (www.brusselsairport.be) est situé à 14 km au nord-est du centre-ville. De là, des trains et des bus réguliers relient le centre, d'où vous pourrez prendre un train pour Bruges.

Le deuxième aéroport de Bruxelles, l'**aéroport de Charleroi Bruxelles-Sud** (www.charleroi-airport.com), est à 46 km au sud-est de la ville et est principalement desservi par des compagnies aériennes *low cost* comme Ryanair. De là, vous pouvez prendre un bus à destination de Bruxelles et Bruges.

Arriver par le train

La plupart des trains internationaux arrivent à **Bruxelles-Midi** (gare du Sud), la principale gare pour les correspondances internationales : l'Eurostar, le TGV et le Thalys s'arrêtent seulement ici. Le centre n'est pas accessible à pied. Il vous faudra prendre le métro ou un taxi.

La plupart des autres liaisons desservent **Bruxelles-Midi** (gare du Midi), **Bruxelles-Central** (gare centrale) et, à l'exception des trains pour Amsterdam, également **Bruxelles-Nord** (gare du Nord).

Des trains reliant Bruxelles à **Bruges** partent toutes les heures des trois gares principales (Bruxelles-Midi, Bruxelles-Central et Bruxelles-Nord).

3 Comment circuler

La gare ferroviaire de **Bruges** est à 1,5 km au sud du Markt ; de là, vous pouvez prendre un taxi ou un bus pour rejoindre la ville ou faire une jolie promenade de 20 minutes.

Le réseau de bus, train et métro de **Bruxelles** est géré par STIB/MIVB. Les transports publics fonctionnent de 6h à 0h. Le vendredi et le samedi, 17 bus Noctis circulent deux fois par heure entre 0h et 3h, la plupart partant de la place de Brouckère.

Tram, métro et bus

Les stations de métro de Bruxelles sont signalées par un "M" blanc sur fond bleu. Les lignes 1A (nord-ouest/sud-est) et 1B (nord-est/sud-ouest) ont une portion centrale en commun : Bruxelles-Central, Sainte-Catherine et Schuman (pour le quartier européen). La ligne 2 suit le Petit Ring. Les trains circulent toutes les 10 à 15 minutes. Des tramways souterrains ("prémétro") relient également Bruxelles-Nord à Bruxelles-Midi via la Bourse.

Les tickets STIB/MIVB sont valides dans le métro, le tramway et le bus. Ils doivent être compostés avant le voyage, dans les machines situées à l'entrée des stations de métro ou à bord des tramways et des bus.

Taxi

À Bruxelles, les taxis officiels (blanc ou noir) facturent 2,40 € la prise en charge et 1,35 € par kilomètre. Un supplément de 2 € est exigé en tarif de nuit (22h à 6h). L'attente coûte 25 € par heure. Les taxes et les pourboires sont normalement inclus dans le prix.

Vélo

Villo! (078-051 110 ; http://en.villo.be ; 24h/h) est un parc de 180 stations libre-service. Après s'être s'acquitté des droits d'inscription, votre compte bancaire sera débité en fonction de votre utilisation.

Bruxelles et Bruges
Les quartiers

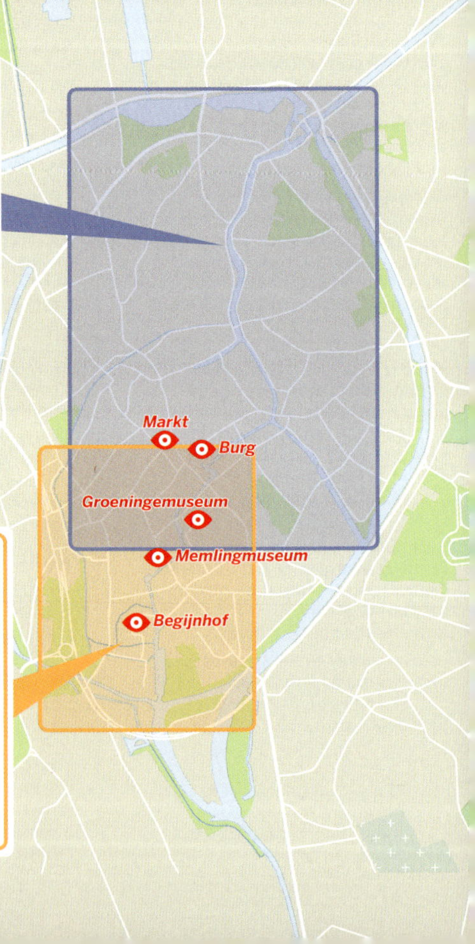

Burg, Markt et le nord (p. 22)

Ces deux magnifiques places reliées entre elles constituent une parfaite introduction à la ville médiévale, et les ruelles qui les entourent sont charmantes.

Les incontournables

- Markt
- Burg

Groeningemuseum et le sud (p. 44)

Les principaux musées de Bruges sont ici, notamment les foisonnantes collections des primitifs flamands, tandis que le béguinage est un havre de verdure.

Les incontournables

- Groeningemuseum
- Memlingmuseum
- Béguinage

Parc du Cinquantenaire et quartier européen (p. 102)

En plus d'être le siège de l'Union européenne, ce quartier abrite un magnifique parc et des musées intéressants.

Les incontournables

Parc du Cinquantenaire

Musées royaux d'Art et d'Histoire

Grand-Place et Îlot sacré (p. 66)

Le cœur géographique de Bruxelles, avec de superbes bâtiments médiévaux et des restaurants, théâtres et salles de concerts renommés.

Les incontournables

Grand-Place

Centre belge de la Bande Dessinée

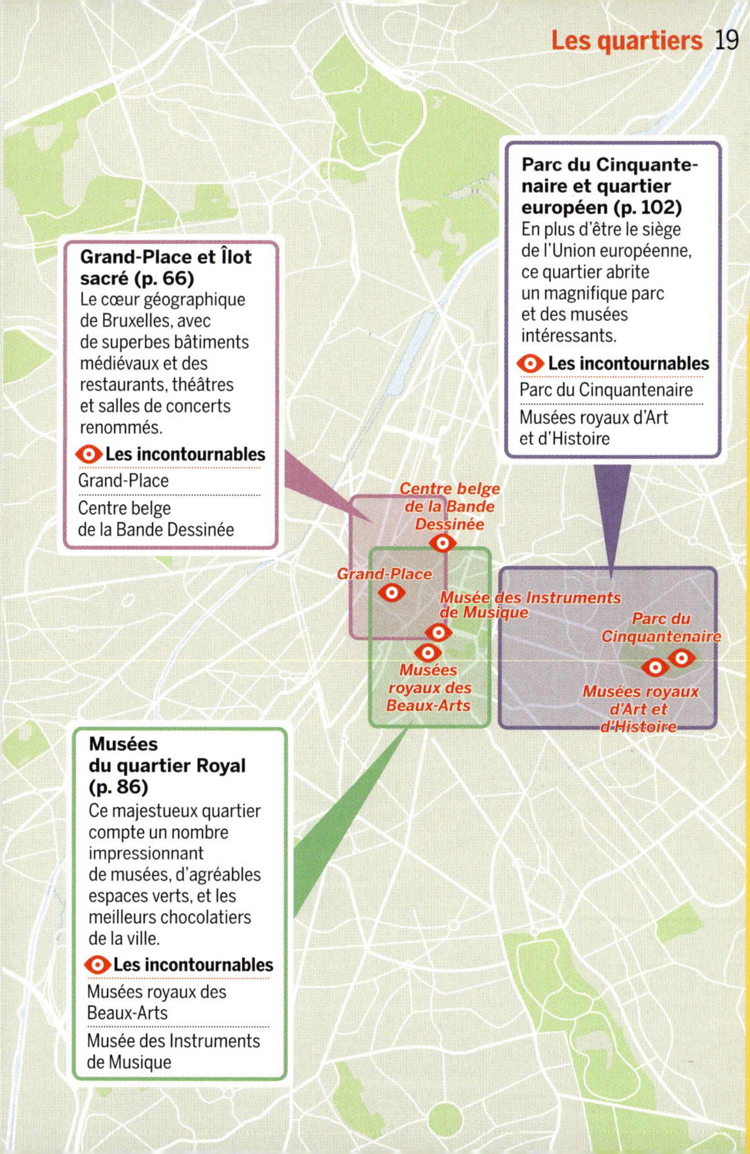

Musées du quartier Royal (p. 86)

Ce majestueux quartier compte un nombre impressionnant de musées, d'agréables espaces verts, et les meilleurs chocolatiers de la ville.

Les incontournables

Musées royaux des Beaux-Arts

Musée des Instruments de Musique

st joris stella artois
LE PANIER D'OR

Explorer
Bruges

Toits de Bruges
BRUCE ESBIN/GETTY IMAGES©

Explorer

Burg, Markt et le nord

Le centre médiéval de Bruges semble tout droit sorti d'un conte de fées. Des ruelles pavées pittoresques et des canaux romantiques relient des places photogéniques bordées de tours vertigineuses et d'églises historiques. Les nombreux touristes sont la seule ombre au tableau, en particulier l'été. Mais en s'éloignant vers le nord et l'est de la ville, on découvre Bruges sous un angle différent, plus énigmatique.

GLENN VAN DER KNIJFF/GETTY IMAGES©

L'essentiel en un jour

Démarrez la journée par un café sur le **Markt** (Grand-Place ; p. 24), puis grimpez en haut du **beffroi** (p. 25) pour le panorama sur la ville et ses environs. Au **Burg** (p. 26), visitez le Renaissancezaal (hall Renaissance) du **Brugse Vrije** (musée de la Ville ; p. 27), et déchiffrez les peintures murales du **Gotische Zaal** (hall gothique), à l'intérieur du **Stadhuis** (hôtel de ville ; p. 27). Après, allez voir la relique la plus honorée à Bruges, dans la **Heilig-Bloedbasiliek** (basilique du Saint-Sang ; p. 27). Au déjeuner, goûtez les frites d'un des marchands du Markt.

La place **Jan Van Eyckplein** est l'une des plus plaisantes de la ville. Au bord d'un canal, jalonnée de cafés, elle présente une statue de l'artiste en son centre. Ne manquez pas le très orné bâtiment **Tolhuis** (maison de la taxe), ni les beaux hôtels particuliers de part et d'autre du quai. Non loin de là, le grandiose **Koninklijke Stadsschouwburg** (p. 40) est un ravissant théâtre du XIXe siècle.

Pour finir, offrez-vous un copieux dîner au **Café Vlissinghe** (p. 38), une institution depuis 1515. Pour déguster de la bière flamande, rendez-vous au bar **'t Poatersgat** (p. 38). Avant de rentrer à votre hôtel, faites un détour par le Markt illuminé.

Pour vivre une journée comme un Brugeois, voir p. 28.

Les incontournables

Markt (p. 24)

Burg (p. 26)

100% Brugeois

Shopping dans le centre de Bruges (p. 28)

Moulins à vent de Sainte-Anne (p. 30)

Le meilleur du quartier

Boire une bière

De Garre (p. 39)

't Poatersgat (p. 38)

Café Vlissinghe (p. 38)

Cambrinus (p. 39)

Marchés

Markt (p. 24)

Vismarkt (p. 41)

Comment y aller

Depuis la **gare** ferroviaire, comptez 20 minutes à pied environ pour gagner le centre de Bruges.

Tous les **bus** indiquant "Centrum" desservent le Markt.

Les incontournables
Markt

Entourée de bâtiments médiévaux à pignons à redans, cette immense et spectaculaire place du marché est le cœur battant de Bruges ; les calèches s'y faufilent entre les terrasses des restaurants et les touristes armés de leur appareil photo, sous la vigilance d'une statue de Pieter De Coninck et Jan Breydel, les héros des Matines de Bruges. C'est l'attraction phare de la ville, mais l'affluence ne parvient pas à en rompre le charme. Un marché s'y tient le mercredi, l'occasion de découvrir la place sous un angle moins touristique.

Plan p. 32, B7

À ne pas manquer

Le beffroi

Symbole de Bruges, ce **beffroi** (adulte/tarif réduit/enfant 8/6/5 € ; ⌚9h30-17h, dernière entrée 16h15) du XIIIe siècle, inscrit sur la liste du patrimoine mondial de l'Unesco, domine le Markt (83 m). La montée des 366 marches vous fera découvrir le trésor, la cloche et le carillon manuel à 47 cloches, qui tinte régulièrement à travers la ville. Une fois en haut, regardez au-delà des toits en tuiles rouges vers les éoliennes et les grues géantes de Zeebrugge. Le nombre de visiteurs étant limité à 70, l'attente peut être longue aux heures de pointe.

Historium

Pas encore ouvert au public au moment de nos recherches, l'**Historium** (☎050 27 03 11 ; www.historium.be) occupe un bâtiment néogothique du flanc nord de la place. Ramenant les visiteurs en 1435, cette expérience multimédia se revendique davantage comme un film médiéval qu'en tant que musée. Une histoire d'amour sert de fil conducteur, et il est notamment possible de visiter l'atelier de Jan Van Eyck.

Le marché

Cette place du marché historique accueille encore un grand marché alimentaire le mercredi matin. Les habitants et les touristes se mêlent pour acheter fromages, saucisses, viandes cuites à la broche, fruits, légumes et plantes. Une camionnette vend aussi d'authentiques gaufres.

Eiermarkt

Cette petite place adjacente au flanc nord du Markt est reconnaissable à sa colonne en pierre surmontée de lions. Elle est entourée de bars et restaurants et constitue une alternative légèrement plus économique et moins animée que le Markt.

☑ À savoir

- Si vous prévoyez de visiter plusieurs sites, procurez-vous une Bruges City Card (p. 35).
- Ne manquez pas une visite de la place de nuit : elle est plus calme et magnifiquement illuminée.
- Des circuits en calèche (39 € pour 5 personnes au maximum) partent du Markt et durent 30 minutes, avec un arrêt au béguinage (p. 50).
- En été, prévoyez votre promenade en calèche entre 18h et 19h, quand les édifices de Bruges se parent de reflets dorés dans les derniers rayons du soleil.

Une petite faim ?

Vous aurez l'embarras du choix parmi les nombreux établissements pour touristes de la place ; vous pouvez aussi opter pour des frites (à partir de 2,25 €) et des hot-dogs (à partir de 3 €) vendus à emporter par deux camionnettes vertes stationnées sur le Markt.

Les incontournables
Burg

Le Burg, à un pâté de maisons à peine à l'est du Markt, est une place moins spectaculaire mais néanmoins ravissante, qui a été le centre administratif de Bruges pendant des siècles. Elle a également abrité la cathédrale Saint-Donatien jusqu'en 1799, date à laquelle elle fut détruite par des fanatiques antireligieux. Tout récemment, le Burg s'est doté du pavillon Toyo Ito, un étonnant bâtiment géométrique occupant le centre arboré de la place. En lui tournant le dos, vous pourrez admirer le flanc sud du Burg, avec trois superbes façades contiguës aux reflets dorés.

Plan p. 32, C7

Burg

À ne pas manquer

Brugse Vrije

Cet édifice imposant, avec ses pignons baroques et ses statuettes en or, était autrefois le palais du "Franc de Bruges", le territoire gouverné depuis la ville entre 1121 et 1794. Il abrite aujourd'hui des services municipaux, mais on peut visiter le **Renaissancezaal** (hall Renaissance ; Burg 11a ; ⏲9h30-12h et 13h30-16h30) pour admirer sa cheminée sculptée de 1531. Cette sculpture en chêne très ouvragée représente Charles Quint entouré de ses aïeuls, Ferdinand d'Aragon et Maximilien d'Autriche.

Stadhuis

Le magnifique **Stadhuis** (hôtel de ville ; Burg 12) de 1420 possède une façade originale, couverte des répliques de statues de comtes et comtesses de Flandre (les statues originales ont été détruites en 1792). À l'intérieur, un audioguide vous mène à l'étage, jusqu'au stupéfiant **Gotische Zaal** (hall gothique ; adulte/tarif réduit 4/3 € ; ⏲9h30-17h). Cette salle est d'une rare beauté, avec son plafond polychrome, ses voûtes suspendues et ses peintures murales historiques et romantiques.

Heilig-Bloedbasiliek

Le mur ouest du Stadhuis touche la **Heilig-Bloedbasiliek** (basilique du Saint-Sang ; Burg 5 ; ⏲9h30-11h50 et 14h-15h50 avr-sept, 10h-11h50 et 14h-15h50 jeu-mar, 10h-11h50 mer oct-mars). Elle doit son nom à une fiole, apportée ici après les croisades, qui contiendrait le sang du Christ. À l'étage, une chapelle colorée abrite la relique, cachée derrière un tabernacle en argent. L'étage conserve également le trésor, dont le reliquaire incrusté de pierres sur lequel la fiole est transportée le jour de l'Ascension, pour la Heilig-Bloedprocessie (procession du Saint-Sang). Au rez-de-chaussée, la chapelle romane du XIIe siècle, presque totalement dénuée de décoration, invite à la méditation.

☑ À savoir

- Prenez l'audioguide (gratuit) pour le Gotische Zaal, qui explique les peintures murales et éclaire sur l'histoire de la ville.
- La relique du Saint-Sang de la basilique est sortie pour être honorée chaque jour à 14h. Le silence et la discrétion sont de mise.
- Comme le Markt, le Burg est très beau et paisible en début de soirée et la nuit.
- Juste au sud du Burg, de l'autre côté du pont, ne manquez pas le joli Vismarkt (marché au poisson ; p. 41) à colonnades de 1821, qui accueille encore des étals de poisson presque tous les matins, ainsi que des marchands de bibelots plus tard dans la journée.

Une petite soif ?

Le minuscule bar De Garre (p. 39), très prisé des amateurs de bière, est niché dans une ruelle, entre le Markt et le Burg.

100% brugeois
Shopping dans le centre de Bruges

L'affluence de visiteurs et les nombreux marchands de gaufres et de frites peuvent rendre le centre de Bruges étouffant. Mais, derrière la façade de carte postale, vous pourrez faire d'intéressantes trouvailles si vous cherchez de la bière, du fromage ou de la charcuterie, mais aussi des vêtements ou de la dentelle.

❶ Faire son marché au Markt

Haut lieu touristique, avec ses calèches et ses groupes compacts écoutant leur guide, le Markt offre un tout autre visage le mercredi matin, jour de marché. L'endroit est idéal si vous avez prévu un pique-nique ou si vous avez simplement envie de fruits frais. Vous y trouverez notamment des fromages et des saucisses belges.

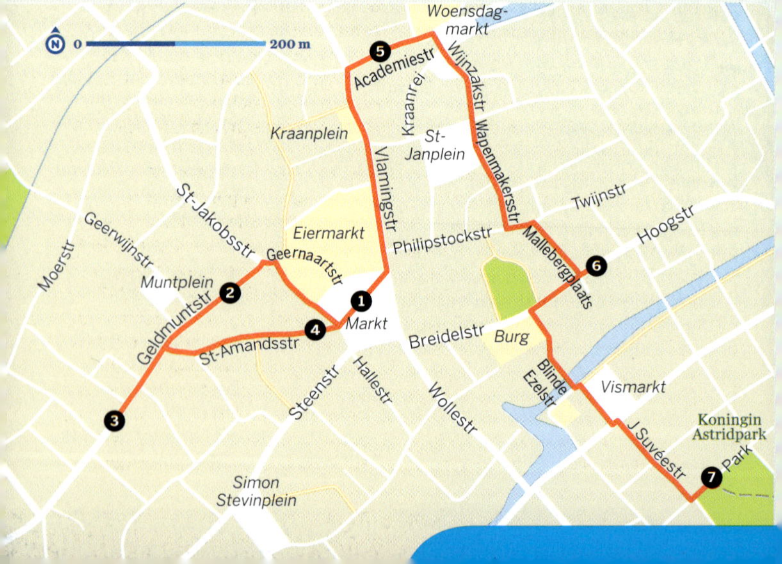

❷ Trouver de bons produits à Diksmuids Boterhuis

Cette belle **épicerie** (Geldmuntstraat 23 ; ⏲10h-12h30 et 14h-18h30) traditionnelle, aujourd'hui entourée de grandes chaînes de magasins, existe depuis 1933. Elle propose un grand choix de saucisses (suspendues au plafond), du fromage, du miel, de la viande froide et de la moutarde.

❸ Mode féminine à L'Heroïne

La belle façade en béton de **L'Heroïne** (Noordzandstraat 32 ; ⏲10h30-18h lun-sam) tranche au milieu des vitrines de grandes chaînes. Vous y trouverez des stylistes belges établis (Dries Van Noten et Ann Demeulemeester), et de jeunes talents comme Christian Wijnants. Belles robes en soie à imprimés, coupes asymétriques, somptueux foulards et écharpes…

❹ Déjeuner à De Belegde Boterham

Sortez des sentiers battus touristiques dans ce **restaurant** (☎050 34 91 31 ; Kleine St Amandsstraat 5 ; ⏲12h-16h, fermé dim) très prisé de la population locale, ouvert seulement le midi. La décoration élégante et monochrome est un peu froide, mais la nourriture (soupes, sandwichs, grandes salades) est excellente, avec des ingrédients frais et des assaisonnements savoureux. Le café est aussi très bon.

❺ Les meilleures bières à Bacchus Cornelius

Quand les Brugeois veulent acheter de la bière ordinaire, ils vont au supermarché. Mais s'ils recherchent un breuvage spécial, ils se rendent à **Bacchus Cornelius** (☎050 34 53 38 ; Academiestraat 17 ; ⏲13h-18h30). Ce magasin propose 450 bières et gueuzes rares, ainsi que des *jenevers* et des liqueurs parfumées à la fleur de sureau, aux canneberges et aux cerises. Le propriétaire peut vous faire goûter le genièvre qu'il fait lui-même, avec du vrai chocolat. Deux pianos sont à la disposition des clients et, en hiver, la cheminée qui crépite ajoute au charme des lieux.

❻ Chiner chez Madam Mim

Adresse incontournable pour les amateurs de vintage, l'adorable **Madam Mim** (Hoogstraat 29 ; ⏲11h-18h mer-lun) vend des vêtements originaux fabriqués par la propriétaire à partir de tissus vintage, mais aussi de la vaisselle des années 1960, du cristal, de beaux chapeaux et des vêtements pour enfants des années 1970. On peut également dénicher de la dentelle d'époque à des prix imbattables.

❼ Dîner à L'Estaminet

Avec ses grosses poutres en bois sombre, ses lumières tamisées et son atmosphère conviviale, **L'Estaminet** (☎050 33 09 16 ; Park 5 ; en-cas/pâtes à partir de 6/8 € ; ⏲11h30-23h mar-dim, 16h-23h jeu) ne semble pas avoir changé d'un iota depuis son ouverture, en 1900. On y vient avant tout pour boire un verre, mais il est également possible de déguster des spaghettis bolognaise gratinés au fromage. En été, les habitués migrent vers la terrasse.

Comme un Brugeois
Moulins à vent de Sainte-Anne

Le quartier de Sainte-Anne offre un agréable répit, à l'écart de l'agitation du centre, mais aussi un aperçu de la riche histoire de la région. L'industrie de la dentelle faite main est toujours vivace, et vous pourrez admirer le travail des dentellières au Kantcentrum. Le musée des Arts populaires, lui, s'intéresse à la vie et au travail des anciens habitants. Quatre jolis moulins à vent offrent une vue spectaculaire sur la ville.

❶ Visiter le Museum voor Volkskunde

Le charmant **Museum voor Volkskunde** (musée des Arts populaires ; Balstraat 43 ; adulte/tarif réduit 2/1 € ; 9h30-17h mar-dim, De Zwarte Kat fermé 11h45-14h) présente 18 scènes de la vie flamande d'autrefois (une confiserie, une chapellerie, une cuisine traditionnelle des années 1930...). L'ensemble est un peu statique, mais les lieux sont agréables et à **De Zwarte Kat,** le petit café désuet du musée, une bière ne vous coûtera que 1,25 €. Les expositions temporaires à l'étage sont souvent intéressantes.

❷ Acheter de la dentelle à 't Apostelientje

Dans les pittoresques ruelles secondaires de Bruges, vous n'apercevrez pas âme qui vive. Remontez Balstraat jusqu'à cette jolie petite **boutique** (050 33 78 60 ; Balstraat 11 ; 9h30-12h15 et 13h15-17h mer-sam, 13h-17h mar, 10h-13h dim). Les vêtements et cadeaux sont fabriqués à partir de belles dentelles traditionnelles, par une femme et ses deux filles. Le mari de l'une des filles fabrique les bobines en bois. Authenticité garantie.

❸ Admirer le travail des dentellières au Kantcentrum

Derrière le spectaculaire **Jeruzalemkerk** (Plan p. 32, D5 ; Peperstraat 1), le **Kantcentrum** (musée de la Dentelle ; www.kantcentrum.com ; Peperstraat 3a ; adulte/enfant 2,50/1,50 € ; 10h-12h et 14h-18h lun-ven, 14h-17h sam) abrite une belle collection de dentelles dans un ensemble de maisons anciennes mitoyennes. L'après-midi, vous pourrez admirer les dentellières et leurs apprenties, qui se rassemblent ici pour travailler et discuter. En les observant, on comprend mieux pourquoi la dentelle faite main est si chère.

❹ Voir les fortifications médiévales

La porte **Kruispoort** (sur Langestraat) est un impressionnant vestige des anciennes fortifications de la ville.

❺ Visiter les moulins à vent

Entre le XIIIe et le XIXe siècle, les remparts de Bruges étaient ornés de *molens* (moulins) ; une promenade le long du canal bordant la partie orientale de la ville fait traverser un agréable espace vert, dominé par les quatre moulins à vent restants. Deux sont ouverts à la visite et accueillent un petit musée : le **St Janshuismolen** (Kruisvest ; adulte/tarif réduit 2/1,50 € ; 9h30-12h30 et 13h30-17h mar-dim mai-sept), du XVIIIe siècle, et le **Koeleweimolen** (Kruisvest ; adulte/tarif réduit 2/1,50 € ; 9h30-12h30 et 13h30-17h mar-dim juil-août). Malgré ce détournement touristique, ils continuent à moudre du grain pour le transformer en farine.

❻ Prendre un verre à De Windmolen

Faites une pause dans ce petit **café** (050-339 739 ; Carmersstraat 135 ; bière/en-cas/pâtes à partir de 1,80/4,50/8,50 € ; 10h-tard lun-jeu, 10h-3h ven et dim) de quartier, qui dispose d'une terrasse ensoleillée avec vue sur les moulins de Sainte-Anne. Une bonne adresse pour déguster des bières locales.

❼ Longez le canal sur Potterierei

Revenez vers le centre le long du beau quai Potterierei, jalonné de statues de Madones. Ne manquez pas le petit pont-levis rappelant Amsterdam.

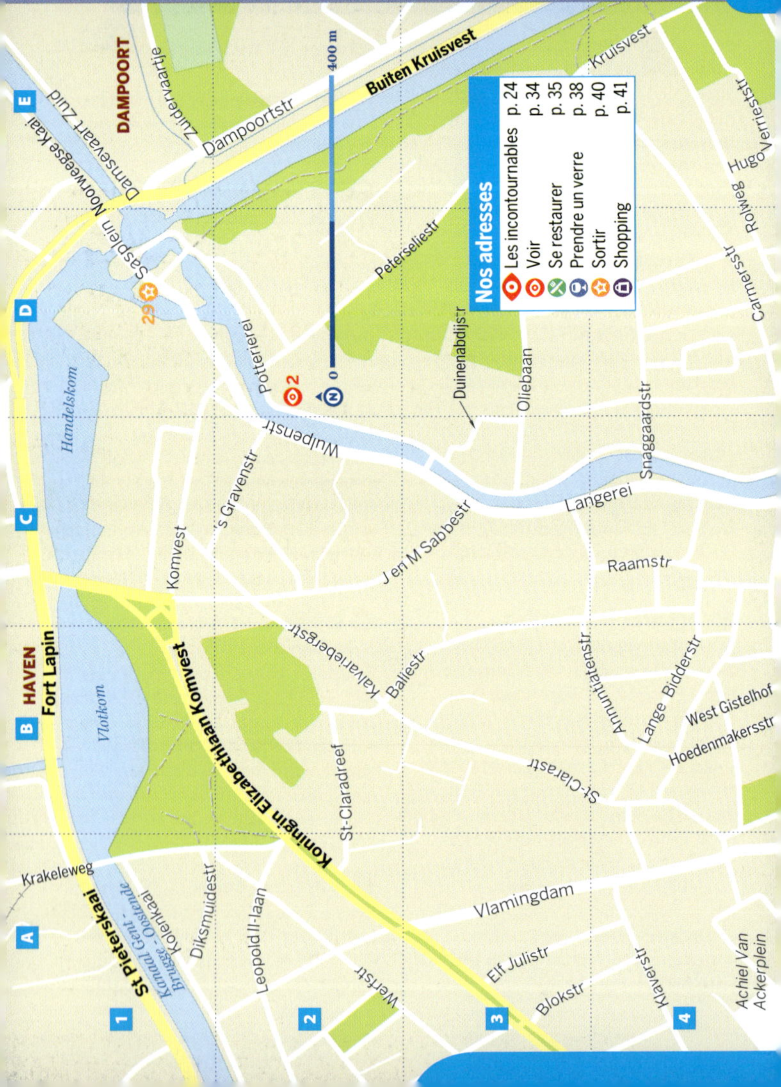
Nos adresses
Les incontournables p. 24
Voir p. 34
Se restaurer p. 35
Prendre un verre p. 38
Sortir p. 40
Shopping p. 41
0
400 m
DAMPOORT
HAVEN
Fort Lapin
Handelskom
Vlotkom
Kanaal Gent - Brugge - Oostende
Buiten Kruisvest
Kruisvest
Dampoortstr
Zuidervaartje
Damsevaart Zuid
Noorweegse Kaai
Sasplein
Potterierei
Peterseliestr
Duinenabdijstr
Oliebaan
Wulpenstr
's Gravenstr
Komvest
J en M Sabbestr
Langerei
Snaggaardstr
Raamstr
Kalvariebergstr
Ballestr
Annuntiatenstr
Lange Bidderstr
West Gistelhof
Hoedenmakersstr
St-Clarastr
St-Claradreef
Koningin Elizabethlaan Komvest
Krakeleweg
St Pieterskaai
Kolenkaai
Diksmuidestr
Leopold II-laan
Werfstr
Vlamingdam
Elf Julistr
Blokstr
Klaverstr
Achiel Van Ackerplein
Carmersstr
Rolweg
Hugo Verriestst
29
2
A
B
C
D
E
1
2
3
4

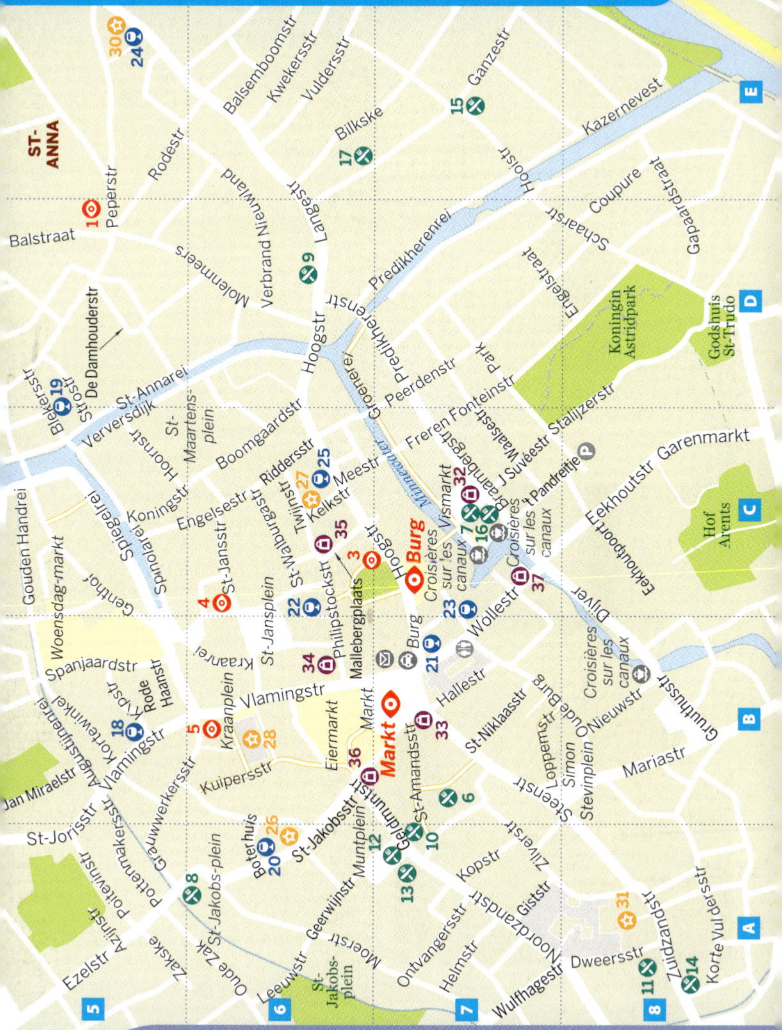
ST-ANNA
Balstraat
Peperstr
Rodestr
Balsemboomstr
Kwekersstr
Vuldersstr
Bilkske
Ganzestr
Kazernevest
Hooistr
Coupure
Gapaardstraat
Schaarstr
Engelstraat
Koningin Astridpark
Godshuis St-Trudo
Predikherenrei
Predikherenstr
Langestr
Verbrand Nieuwland
Molenmeers
De Damhouderstr
Blekersstr
Stoofstr
St-Annarei
Verversdijk
Hoornstr
St-Maartens-plein
Hoogstr
Groenerei
Peerdenstr
Park
Freren Fonteinstr
Waalsestr
Stalijzerstr
Garenmarkt
Boomgaardstr
Ridderstr
Kelkstr
Meestr
Minnewater
Vismarkt
Braambergstr
J Suvéestr
't Pandreitje
Eekhoutstr
Eekhoutpoort
Hof Arents
Gouden Handrei
Spiegelrei
Koningstr
Engelsestr
Twijnstr
St-Walburgastr
Hoogstr
Burg
Croisières sur les canaux
Wollestr
Dijver
Woensdag-markt
Genthof
Spinolarei
St-Jansstr
St-Jansplein
Philipstockstr
Mallebergplaats
Kraanrei
Spanjaardstr
Kipstr
Rode Haanstr
Vlamingstr
Kraanplein
Eiermarkt
Markt
Hallestr
St-Niklaasstr
Oude Burg
Loppemstr
Simon Stevinplein
Nieuwstr
Mariastr
Gruuthusestr
Augustijnenrei
Kortewinkel
Jan Miraelstr
Kuipersstr
St-Amandsstr
Steenstr
Geldmuntstr
Muntplein
St-Jakobsstr
Grauwwerkersstr
Boterhuis
St-Jorisstr
Pottenmakersstr
Potterinstr
Azijnstr
Ezelstr
Zakske
St-Jakobs-plein
Oude Zak
Leeuwstr
Geerwijnstr
Moerstr
Kopstr
Zilverstr
Noordzandstr
Gistst
Ontvangersstr
Helmstr
Wulfhagestr
Dweersstr
Zuidzandstr
Korte Vuldersstr
A
B
C
D
E
5
6
7
8

Voir

Jeruzalemkerk

ÉGLISE

1 Plan p. 32, D5

Cette extraordinaire structure du XVe siècle serait inspirée de l'église du Saint-Sépulcre de Jérusalem. C'est un monument macabre, avec un sinistre retable couvert de têtes de mort, et une effigie du corps du Christ nichée dans la chapelle du fond. Le tombeau en marbre noir d'Anselme Adornes ne renferme que son cœur ; il a été assassiné en Écosse en 1483. Pour visiter l'intérieur, vous devrez acheter un billet au Kantcentrum (p. 31) adjacent. (Peperstraat 1)

Jeruzalemkerk

OLV-ter-Potterie

MUSÉE

2 Plan p. 32, D2

L'entrée dans cette petite église doublée d'un hôpital est gratuite avec le billet pour le musée St-Janshospitaal. Après avoir sonné à la porte, vous découvrirez d'autres chefs-d'œuvre du XVe et du XVIe siècle. La belle église baroque abrite le reliquaire de saint Idesbalde et un relief polychrome en bois de Marie allaitant Jésus. La poitrine de la Vierge a été recouverte d'un camouflage en dentelle. (Potterierei 79 ; adulte/tarif réduit 2/1 € ; 9h30-12h30 et 13h30-17h)

Crowne Plaza Hotel

FOUILLES

3 Plan p. 32, C6

Dans les années 1990, pendant les travaux de construction du Crowne Plaza Hotel, les ouvriers mirent au jour un mur, qui appartenait à l'église Saint-Donatien (St-Donaas), dont les fondations remonteraient au Xe siècle et qui deviendra plus tard une cathédrale. On autorisa la poursuite des travaux, à condition que les vestiges soient accessibles gratuitement au public. Excepté lors de conférences et de séminaires, vous pourrez vous rendre dans les sous-sols de l'hôtel pour découvrir des cartes anciennes, des peintures et des tombeaux. (Burg 10)

Choco-Story

MUSÉE

4 Plan p. 32, C6

Un alléchant musée consacré au chocolat, qui retrace son histoire depuis la graine de cacaoyer qui servait de monnaie aux Aztèques. Vous pourrez regarder une vidéo sur la production de cacao et déguster une praline maison (dernière démonstration, 16h45). (www.choco-story.be ; Wijnzakstraat 2 (St-Jansplein) ; adulte/enfant 7/4 € ; ⌚10h-17h)

Frietmuseum MUSÉE

5 Plan p. 32, B6

Ce musée raconte l'histoire de la pomme de terre, des anciens tombeaux incas aux friteuses belges, mais le résultat n'est guère passionnant. Le prix d'entrée inclut un bon de réduction pour la *frituur* (friterie) du sous-sol, qui prétend préparer les meilleures pommes chips au monde. (☎050 34 01 50 ; www.frietmuseum.be ; Vlamingstraat 33 ; adulte/tarif réduit/enfant 6/5/4 €, frites 2 € ; ⌚10h-17h, friterie 11h-15h, tous deux fermés de Noël à mi-janvier)

Bon plan

Bruges pas cher

Si vous prévoyez de visiter plusieurs sites, procurez-vous la **Bruges City Card** (www.bruggecitycard.be ; 48h/72h 35/40 €), qui donne accès à tous les principaux musées de la ville et diverses attractions, notamment Choco-Story et la brasserie De Halve Maan. Elle vous donne également droit à une promenade en bateau, ainsi qu'à des réductions sur la location de vélo, des concerts, des films et des pièces de théâtre.

Se restaurer

De Stove GASTRONOMIE €€

6 Plan p. 32, B7

Une adresse intimiste qui ne compte que 20 places. Le poisson frais est à l'honneur, mais la carte qui évolue chaque mois comporte aussi des plats de viande comme le filet de sanglier aux pleurotes. Tout est fait maison, du pain aux crèmes glacées. Malgré les excellentes critiques dont il ne cesse de faire l'objet, De Stove ne se repose pas sur ses lauriers, et reste une adresse sympathique, familiale, fiable et inventive. (☎050 33 78 35 ; www.restaurantdestove.be ; Kleine St-Amandsstraat 4 ; plats 19-33 €, menu 42 €, vin compris 58 € ; ⌚12h-13h30 sam-dim et 19h-21h ven-mar)

Den Gouden Karpel FRUITS DE MER €

7 Plan p. 32, C7

Ce petit restaurant soigné est l'endroit idéal pour un déjeuner élaboré à partir de produits en provenance directe du marché au poisson. Sandwich au crabe (3,50 €), salade de saumon fumé (13 €), beignets de crevettes (10,50 €) et huîtres (9,50 €) figurent au menu. Sur place ou à emporter. (☎050 33 33 89 ; www.dengoudenkarpel.be ; Vismarkt 9-11 ; ⌚11h-18h mar-sam

De Bottelier MÉDITERRANÉEN €€

8 Plan p. 32, A6

Décoré de chapeaux et de vieilles horloges, cet adorable petit restaurant est installé au-dessus d'un marchand de vin, et donne sur un charmant jardin en bordure du canal. La clientèle est majoritairement brugeoise, et il est vivement conseillé de réserver. (☎050 33 18 60 ; www.debottelier.com ; St-Jakobsstraat 63 ; pâtes/plats végétariens à partir de 8,80/13,50 €, autres plats à partir de 16 € ; ⌚déj et dîner mar-ven, dîner seulement sam)

De Karmeliet RESTAURANT €€€

9 Plan p. 32, D6

Le chef Geert Van Hecke a été récompensé par trois étoiles au Michelin pour ses créations sophistiquées comme les courgettes farcies et œufs de caille pochés, caviar, crabe et mousseline de champagne. Le cadre peut sembler un peu austère, mais le contenu de l'assiette compense largement. À midi, les tarifs sont raisonnables. Réservez bien à l'avance, surtout le week-end. (☎050 33 82 59 ; www.dekarmeliet.be ; Langestraat 19 ; plats 55-95 €, menus 80-170 € ; ⌚déj et dîner)

Chagall BELGE €€

10 Plan p. 32, A7

Les banquettes à carreaux, les bougies, les étagères envahies de bibelots et le piano droit confèrent à cet établissement une ambiance familiale. Les produits de la mer, en particulier l'anguille sous toutes ses formes et les moules, sont les spécialités maison, mais on sert aussi de la viande, tel le ragoût de sanglier. Bon rapport qualité/prix pour les menus de 2 ou 3 plats. (☎050 33 61 12 ; St-Amandsstraat 40 ; 2/3 plats 18/26 € ; ⌚fermé mer)

BAUHAUS©

Intérieur du Bauhaus (p. 40)

Gran Kaffee De Passage BISTROT €

11 Plan p. 32, A8

Avec son mélange d'habitués et de voyageurs logeant à l'hôtel voisin du Passage, ce bistrot Arts déco éclairé à la bougie est l'un des plus plaisants de la ville. Les plats traditionnels comme le *stoverij* (viande à la bière) sont roboratifs et très économiques. (☎050 34 02 32 ; www.passagebruges.com ; Dweersstraat 26-28 ; plats 5-10 € ; ⌚18h-23h)

Merveilleux Tearoom CAFÉ €

12 Plan p. 32, A7

Cet élégant salon de thé au sol en marbre se trouve dans un passage pavé près du Markt. Le café est accompagné d'un délicieux biscuit maison et parfois d'un petit verre avec de la glace à la fraise ou une mousse au chocolat. De jolis gâteaux et du thé figurent aussi à la carte. (☎050 61 02 09 ; www.merveilleux.eu ; Muntpoort 8 ; thé complet 10 €, plats 15-22 € ; ⌚10h-18h)

Da Vinci

GLACIER **€**

13 Plan p. 32, A7

Il est bien difficile de se décider entre les 40 délicieux parfums de glaces artisanales de ce glacier. Heureusement, on vous aidera en vous offrant de petits échantillons pour goûter. Au plus fort de l'été, l'établissement reste ouvert jusqu'à 23h. (☎050 33 36 50 ; Geldmuntstraat 34 ; 1 boule 1,30 € ; ⌚fermé mi-nov à fév)

Tous Paris

ÉPICERIE **€**

14 Plan p. 32, A8

Si vous êtes las des gaufres et des frites, cette épicerie fine est une bonne alternative avec ses salades fraîches, ses quiches et ses sandwichs préparés à la demande dans du pain blanc ou complet. (☎050 33 79 02 ; Zuidzandstraat 31 ; en-cas 3-8 € ; ⌚fermé mer-jeu)

In 't Nieuwe Museum

BELGE **€€**

15 Plan p. 32, E7

Cet établissement familial prisé des habitants doit son nom à la collection de plaques de brasserie, de tirelires et d'objets hétéroclites qui ornent les murs. On se croirait presque dans un musée ! À midi, il y a 5 sortes de *dagschotel* (plat du jour, 7 € à 17,50 €) et, le soir, des viandes savoureuses sont cuites dans la cheminée du XVIIe siècle. Hamburgers végétariens, plats à base d'anguille, côtelettes, steaks et *vispannetje* (ragoût de poisson) figurent parmi les spécialités de l'établissement. (☎050 33 12 22 ; Hooistraat 42 ; plats 10-25 € ; ⌚12h-14h et 18h-22h jeu-mar, fermé sam midi)

100% brugeois

Se restaurer en fin de soirée (ou très tôt le matin)

Si votre estomac réclame autre chose que des frites et des kébabs après 23h, rendez-vous au restaurant **Christophe** (p. 60), un établissement à l'élégance décontractée avec une cuisine ouverte sur la salle, qui sert jusqu'à 1h ; autre possibilité, avant 3h, les spécialités flamandes de **'t Gulden Vlies** (Plan p. 32, C6 ; ☎050 33 47 09 ; www.tguldenvlies.be ; Mallebergplaats 17 ; plats 14-22 €, menu 2/3 plats 16/27 € ; ⌚19h-3h mer-dim), restaurant douillet chargé d'histoire. Sur le Markt, on sert des petits-déjeuners à partir de 7 € mais vérifiez ce qui est inclus avant de vous asseoir. Pour un café et un croissant, la solution la plus économique est la chaîne de boulangeries **Panos** (Plan p. 52, A2 ; Zuidzandstraat 29 ; café/croissant 1,80/1,10 € ; ⌚7h-18h30 lun-sam, 11h-18h30 dim).

Est Wijnbar

TAPAS €

16 Plan p. 32, C7

Ce charmant petit bar à vins logé dans un bâtiment de 1637 est très animé le dimanche soir, quand il organise des concerts de jazz ou de blues à partir de 20h30. C'est aussi un endroit agréable pour dîner ; raclette, pâtes, en-cas, salades et savoureux desserts sont proposés. (050 33 38 39 ; www.wijnbarest.be ; Braambergstraat 7 ; plats 9,50-12,50 €, tapas 3,50-9,50 € ; 16h-0h mer-dim ;)

't Ganzespel

BELGE €

17 Plan p. 32, E6

Le propriétaire de ce restaurant intime, logé dans une belle maison à pignons, sert des spécialités belges comme la *kalfsblanket* (blanquette de veau), ainsi que des plats de pâtes. (050 33 12 33 ; www.ganzespel.be ; Ganzenstraat 37 ; plat, salade et soupe 9,50 € ; 18h-22h ven-dim)

Prendre un verre

't Poatersgat

PUB

18 Plan p. 32, B5

Repérez l'ouverture dans le mur et descendez les escaliers jusqu'à cette cave au plafond voûté en croix, éclairée de sobres lumières blanches et de bougies. 't Poatersgat (qui signifie "le trou du moine" dans le dialecte local) propose 120 bières belges, dont un excellent choix de bières trappistes. (Vlaamingstraat 82 ; 17h-tard)

Café Vlissinghe

PUB

19 Plan p. 32, D5

Depuis son ouverture en 1515, le plus ancien pub de Bruges a toujours attiré les célébrités. L'intérieur est magnifiquement conservé, avec ses boiseries et son poêle à bois. En été, il vaut mieux s'installer dans le jardin ombragé pour faire une partie de pétanque entre deux bières. Sert de bons en-cas (croque-monsieur, assiettes de fromage, plats de viande). (050 34 37 37 ; Blekersstraat 2 ; 11h-0h mer-sam, 11h-19h dim)

De Republiek

PUB

20 Plan p. 32, A6

Organisé autour d'une cour, ce vaste établissement animé est

100% brugeois

Prendre un verre en fin de soirée

Si vous êtes encore en forme après minuit, rendez-vous à **Vino Vino** (Plan p. 32, B6 ; 050 34 51 15 ; Grauwwerkersstraat 15 ; 18h-tard mar-sam). Ce bar avec éclairage à la bougie et poutres joue de la musique blues et sert des tapas et des en-cas à prix très raisonnables. Vous trouverez d'autres établissements qui ferment tard juste à côté, sur Kuiperstraat, comme **'t Zwart Huis** (Plan p. 32, B6 ; la Maison noire ; Kuipersstraat 23), qui apparaît dans le film *Bons baisers de Bruges*.

Café Vlissinghe

très apprécié des Brugeois. Les DJ chauffent l'ambiance chaque vendredi et samedi soir ; grand choix de plats, notamment végétariens, à prix raisonnables et servis jusqu'à minuit, sans oublier la longue carte des cocktails. (www.derepubliek.be ; St-Jakobsstraat 36 ; 23h-tard)

De Garre

PUB

21 Plan p. 32, B7

Cet établissement bien caché occupe 2 niveaux et propose des dizaines de bières belges, notamment la remarquable Struise Pannepot (3,50 €). Mais c'est sa fabuleuse bière Tripel de Garre (11%), servie dans un verre presque aussi large qu'un verre à cognac, qui fait sa réputation. La clientèle est un mélange de Brugeois et de touristes. (050 34 10 29 ; Garre 1 ; 12h-0h)

Cambrinus

BAR À BIÈRES

22 Plan p. 32, C6

Grignotez des en-cas belges ou italiens ou choisissez une formule déjeuner ou dîner (bon rapport qualité/prix) pour accompagner les centaines de variétés de bières servies dans cette brasserie du XVIIe siècle. L'endroit est très prisé des touristes, et vous aurez du mal à trouver un siège les soirs de week-end, mais l'ambiance est animée et conviviale. (050 33 23 28 ; www.cambrinus.eu ; Philipstockstraat 19 ; 11h-23h dim-jeu, 11h-tard ven-sam)

Opus Latino

CAFÉ

23 Plan p. 32, C7

Un café moderne, au bord de l'eau, avec des tables en terrasse usées par les intempéries. Il est situé tout au bout d'un canal, à côté d'une fontaine à tête de Bouddha. On y accède par un passage reliant Wollestraat au Burg, et débouchant près de la basilique du Saint-Sang. (050 33 97 46 ; bière/tapas/en-cas/ à partir de 2,20/6/ 8,50 € ; 11h-23h jeu-mar)

Bauhaus

BAR

24 Plan p. 32, E5

Une des adresses favorites des jeunes voyageurs. Cet établissement aux allures de village comprend une auberge, des appartements, une discothèque, un cybercafé et une salle de détente cachée derrière la réception, ainsi qu'une laverie automatique. Le bar-restaurant (**Sacré Cœur**) est très bien, sauf si vous avez prévu de dormir au-dessus. Prendre le bus n°6 ou n°16 depuis la gare. (050 34 10 93 ; www.bauhaus.be ; Langestraat 145 ;)

Charlie Rockets

PUB

25 Plan p. 32, C6

Un bar animé qui rappelle vaguement le style Hard Rock Café, avec un gros projecteur de cinéma, un babyfoot et un billard. La musique (concerts le vendredi en hiver) y résonne jusque tard dans la nuit et se répercute dans les dortoirs rudimentaires à l'étage. (050 33 06 60 ; www.charlierockets.com ; Hoogstraat 19 ; 8h-4h)

Sortir

Cinema Lumière

CINÉMA

26 Plan p. 32, A6

À quelques pâtés de maisons du Markt, ce cinéma d'art et essai programme d'excellents films étrangers en VO et accueille Cinema Novo, un festival de cinéma indépendant, tous les ans au mois de mars (films d'Asie, d'Afrique et d'Amérique latine). Vous pourrez vous restaurer et prendre un verre juste à côté, à **De Republiek.** (050 34 34 65 ; www.lumiere.be ; St-Jakobsstraat 36)

Retsin's Lucifernum

CLUB

27 Plan p. 32, C6

Cette ancienne loge maçonnique est couverte de drapeaux, d'échafaudages et de mannequins en plastique. Sonnez à la porte un dimanche soir et vous découvrirez un bar d'un autre monde éclairé à la bougie, qui vous servira peut-être de puissants cocktails à base de rhum sur fond de concert de musique latino. Ou peut-être pas. C'est toujours une surprise. (0476 35 06 51 ; www.lucifernum.com ; Twijnstraat 6-8 ; entrée 1 boisson incluse 6 € ; 18h-22h dim seulement)

Koninklijke Stadsschouwburg

THÉÂTRE

28 Plan p. 32, B6

Cultuurcentrum Brugge, le centre culturel de la ville, propose des pièces de théâtre et des concerts dans divers lieux,

Comprendre
Bons baisers de Bruges

Bruges est devenue une star du grand écran lorsque la comédie policière *Bons baisers de Bruges* a été projetée en avant-première au Festival du film Sundance 2008. Personnages principaux de ce film écrit et réalisé par l'Irlandais Martin McDonagh, Colin Farrell et Brendan Gleeson jouent le rôle de deux gangsters contraints par leur patron (Ralph Fiennes) à se cacher dans la ville, alors dans l'effervescence précédant les fêtes de Noël. Pour eux, il s'agira bien de "Tirer d'abord, visiter ensuite", et leur mission sera ponctuée par une multitude de rencontres avec des personnages surréalistes et felliniens. Certaines vitrines ont été créées pour le tournage, mais dans l'ensemble, le cadre est authentiquement brugeois.

notamment ce majestueux théâtre de 1869. Au programme : opéra, musique classique, théâtre et danse. À l'extérieur se dresse une statue de Papageno, l'oiseleur de *La Flûte enchantée* de Mozart. (☎050 44 30 60 ; Vlamingstraat 29)

Du Phare — CONCERTS

29 ☆ Plan p. 32, D1

Nichée dans les vestiges d'une des anciennes portes de Bruges, cette taverne méconnue sert d'énormes portions de couscous. Du Phare est réputé pour ses concerts de blues/jazz – consultez le site Internet pour la programmation. Le bus n°4 s'arrête devant. (☎050 34 35 90 ; www.duphare.be ; Sasplein 2 ; ⏲cuisine 11h30-15h et 18h-0h, bar 11h30-tard, fermé mar)

Entrenous — DISCOTHÈQUE

30 ☆ Plan p. 32, E5

La jeunesse brugeoise l'attendait depuis longtemps : une vraie discothèque en plein centre-ville. La clientèle plébiscite les soirées DJ, les concerts et les afters. (☎050 34 10 93 ; www.bauhauszaal.be ; Langestraat 145 ; ⏲22h-tard ven et/ou sam)

Joey's Café — CONCERTS

31 ☆ Plan p. 32, A8

Le propriétaire, Stevie, joue dans le groupe brugeois Cajun Moon ; ce bar sombre et intimiste attire donc une foule de musiciens. Un festival de musique est organisé en août ; le reste du temps, détendez-vous en sirotant un cocktail maison. (☎050 34 12 64 ; Zuidzandstraat 16A ; ⏲11h30-tard lun-sam)

Shopping

Vismarkt — MARCHÉ

32 🔒 Plan p. 32, C7

Les poissonniers vendent ici leurs produits de la mer du Nord depuis des siècles. Ils ne sont plus qu'une poignée à s'installer sur les étals en pierre, mais l'endroit mérite un détour, notamment pour déguster des *maatjes* (filets de hareng). Le week-end, le Vismarkt et le Dijver voisin accueillent une grande brocante. (Steenhouwersdijk ; 8h-13h mar-sam)

De Reyghere Reisboekhandel

LIBRAIRIE

33 Plan p. 32, B7

Dans cette librairie de voyage, les innombrables guides en français et en flamand, notamment, vous donneront à coup sûr d'autres envies d'évasion. (050 33 34 03 ; Markt 12 ; 9h30-12h mar-sam et 14h-18h lun-sam)

De Biertempel

BIÈRES

34 Plan p. 32, B6

Dans ce "temple de la bière", vous pourrez notamment dénicher une bouteille de Westvleteren (bière trappiste) à bon prix. (050 34 37 30 ; Philipstockstraat 7 ; 10h-18h)

Rombaux

MUSIQUE

35 Plan p. 32, C6

Depuis 1920, cette grande boutique est spécialisé en musique classique, jazz, musiques du monde, musiques traditionnelles et musique flamande. On y perd facilement la notion du temps. (050 33 25 75 ; Mallebergplaats 13 ; 14h-18h30 lun, 10h-12h30 et 14h-18h30 mar-ven, 10h-18h sam)

L'art de la dentelle

Comprendre
Fine dentelle

Il existe deux façons de faire de la dentelle (*kant* en néerlandais). La **dentelle à l'aiguille** (*naaldkant*) utilise un seul fil pour broder un motif sur un morceau de tissu ou de papier qui sera ensuite jeté. D'origine italienne, cette technique a été perfectionnée à Bruxelles, et le point à l'aiguille classique est toujours appelé "point de Bruxelles". Très différente, la **dentelle aux fuseaux** (*kloskant*) crée un réseau de fils reliés entre eux avec plusieurs fuseaux méticuleusement enroulés à l'aide d'épingles placées à la main. C'est une technique très complexe qui serait apparue au XIVe siècle à Bruges. La ville belge de Binche a produit les premiers et certains des plus beaux exemples de dentelle aux fuseaux, tandis que la dentelle **chantilly,** une variante développée en France et réalisée avec du coton noir, est restée pendant des années la spécialité de Grammont. Pour gagner du temps et éviter les erreurs, les fabricants bruxellois du XIXe siècle ont inventé la **dentelle à point coupé**, pour laquelle une série de plus petits motifs aux fuseaux sont cousus ensemble pour créer de plus grandes pièces. Parmi les styles les plus typiques, citons la **rosaline,** caractérisée par des motifs de rose brodés avec des perles, et la **duchesse,** avec des motifs de fleur et de feuille. De nos jours, la majorité de la dentelle est fabriquée à la machine, mais on peut encore admirer les dentellières à l'ouvrage au Kantcentrum (p. 31) ; pour savoir où acheter de la dentelle, voir p. 30.

Olivier Strelli

MODE

36 Plan p. 32, B6

Voilà une grande enseigne dédiée au plus célèbre styliste belge. Né au Congo de parents italien et grec, Olivier Strelli a fait ses classes en tant que modéliste avant de créer sa propre marque de prêt-à-porter pour hommes et femmes. Ses créations, des vêtements à la fois élégants et originaux, arborent des couleurs plutôt vives : jaune citron, pistache, violet et corail, notamment. (050 34 38 37 ; Eiermarkt 3 ; 10h-18h30 lun-sam)

2-Be

PRODUITS ARTISANAUX

37 Plan p. 32, C7

Occupant une demeure gothique du XVe siècle, cet élégant magasin vend un grand choix de chocolats artisanaux, de vins, de *jenever,* de conserves, de gâteaux et d'autres spécialités belges. Large éventail de bières dont la Brugse Zot, typique de la ville, que vous pouvez goûter au café au bord du canal. Le personnel pourra vous parler du fantôme de Perez de Malvenda, l'ancien maire espagnol qui habitait cette maison... (050 61 12 22 ; www.2-be.biz ; Wollestraat 53 ; 10h-19h)

Explorer

Groeningemuseum et le sud

Les visiteurs qui viennent chaque année à Bruges considèrent souvent la ville comme un musée à ciel ouvert. C'est vrai dans ce quartier, qui concentre un grand nombre de bâtiments historiques, de galeries et d'églises. Et si l'architecture, les musées, les canaux et les places de marchés composent un paysage de carte postale, vous découvrirez aussi des bars conviviaux, de jeunes artisans et beaucoup d'authenticité.

L'essentiel en un jour

Commencez votre journée par un bain artistique, au **Groeningemuseum** (p. 46) d'abord, pour un aperçu de l'histoire de l'art belge, puis au **Memlingmuseum** (p. 48), qui présente six chefs-d'œuvre de Hans Memling. Votre billet d'entrée vous donne aussi accès à l'ancien hôpital et à une **pharmacie** (p. 49) du XVIIe siècle, qui méritent le détour.

Arrêtez-vous déjeuner à **Den Dijver** (p. 58), où la nourriture est préparée avec la meilleure bière du pays. Pour digérer, offrez-vous une **croisière en bateau** (p. 53), l'occasion de voir Bruges sous un angle différent. Ensuite, flânez jusqu'au **béguinage** (**Begijnhof**, p. 50), dont la cour est un havre de paix, et visitez le petit **musée** (p. 51) qu'il abrite. Par beau temps, promenez-vous dans le parc **Minnewater** (p. 57), et détendez-vous au milieu des plates-bandes de fleurs.

Pour un dîner agréable et décontracté, rendez-vous à **De Stoepa** (p. 58), niché dans une ruelle, qui sert de la bonne cuisine de bistrot. Ensuite, baladez-vous dans ce quartier résidentiel pour avoir une idée du "vrai" Bruges. Finissez en beauté, par un concert de musique classique au **Concertgebouw** (p. 61), seul bâtiment moderne de la ville.

Les incontournables

Groeningemuseum (p. 46)
Memlingmuseum (p. 48)
Béguinage (p. 50)

Le meilleur du quartier

Primitifs flamands

Groeningemuseum (p. 46)
Memlingmuseum (p. 48)

Musées

't Begijnhuisje (p. 51)
Diamantmuseum (p. 54)

Espaces verts

Minnewater (p. 57)
Béguinage (p. 50)

Comment y aller

Depuis la gare ferroviaire, comptez environ 20 minutes **à pied** pour gagner le centre de Bruges.

Tous les **bus** indiquant "Centrum" desservent le Markt, d'où vous atteindrez rapidement le Groeningemuseum, au sud.

Les incontournables
Groeningemuseum

Ce musée, un des plus renommés de Bruges, n'est pas très grand, mais rassemble une collection impressionnante d'œuvres de primitifs flamands et de la Renaissance. On peut y admirer de très anciennes images de la ville de Bruges, ainsi que les travaux de Hieronymus Bosch, sans oublier la superbe *Vierge au chanoine Van der Paele* (1436) de Jan Van Eyck et le *Triptyque Moreel* (1484) de Hans Memling. Des artistes plus récents sont aussi présents, comme Fernand Khnopff, personnalité majeure du symbolisme belge, René Magritte et Paul Delvaux.

Plan p. 52, D2

www.brugge.be

Dijver 12

adulte/tarif réduit 8/6 €

9h30 17h mar-dim

Vierge au chanoine Van der Paele (1436) de Jan Van Eyck

À ne pas manquer

La ville comme client

La première salle présente de passionnantes images de Bruges, commandées par la ville elle-même. Une carte – qui s'apparente à une vue aérienne – montre Bruges au XVe siècle dans ses moindres détails, des moulins à vent aux voiliers dans le port. Le sinistre *Jugement de Cambyse* (1498) de Gerard David représente aussi la ville.

Primitifs flamands

On passe aux choses sérieuses dans la salle des primitifs flamands, remplie d'œuvres de Jan van Eyck, de Roger van der Weyden, de Hans Memling et de Gerard David. Ces tableaux dépeignent la richesse de la ville avec un brillant réalisme artistique. La *Vierge du Maître au Feuillage en Broderie* est représentative de la période ; le beau tissu de la robe de la Vierge se mêle au "vrai" feuillage à ses pieds, avec un remarquable sens du détail. Les magnifiques portraits de van Eyck sont aussi très intéressants.

Paysages urbains et paysages ruraux

Autre salle consacrée à la ville, avec des tableaux pittoresques de Jan Anton Garemijn, ainsi qu'une vision austère de la place du marché par Auguste van de Steene.

Expressionnisme flamand

Ces œuvres des années 1920 témoignent de l'influence du cubisme et de l'expressionnisme allemand sur les artistes flamands. Les plus frappantes sont les représentations de la vie paysanne de Constant Permeke, dans *Le Mangeur de bouillie* et *L'Angelus*. Deux autres salles sont consacrées à la période moderne, qui se termine par des travaux des années 1960 et 1970 montrant l'influence de Magritte, le surréaliste.

À savoir

- Comme la plupart des sites culturels en Belgique, le musée est fermé le lundi.
- La visite est gratuite avec la Bruges Card (p. 35).
- Le musée est très fréquenté ; arrivez de bonne heure aux périodes de pointe.
- Si vous manquez de temps, concentrez-vous sur les primitifs flamands, point d'orgue du musée.
- Le travail des "primitifs" est très sophistiqué ; ce nom vient en fait du latin *primus* (premier), car ces artistes furent les premiers à adopter de nouvelles techniques picturales.

Une petite faim ?

À la sortie du musée, une courte promenade le long du canal vous mènera à l'élégant restaurant Den Dijver (p. 58), qui sert de l'excellente cuisine belge.

Les incontournables
Memlingmuseum

Dans la chapelle restaurée d'un hôpital du XIIe siècle, le St-Janshospitaal (hôpital Saint-Jean) contient divers instruments médicaux anciens et des peintures en rapport avec la médecine, mais il est plus connu pour le Memlingmuseum, qui présente 6 chefs-d'œuvre du peintre du XVe siècle, Hans Memling, notamment la superbe *Châsse de sainte Ursule*. Né à Francfort, Memling a passé la majeure partie de sa vie à Bruges. Votre billet donne accès à la pharmacie (*apotheek*) restaurée datant du XVIIe siècle, située dans le même corps de bâtiment.

Plan p. 52, C2

050 44 87 43

Mariastraat 38, au sud du Markt

Tarif plein/réduit 8/6 €

9h30-17h mar-dim

Le St-Janshospitaal, qui abrite le Memlingmuseum

À ne pas manquer

Les peintures de Memling

La chapelle de l'hôpital abrite une collection restreinte mais inestimable d'œuvres de Hans Memling, qui luisent dans la faible lumière. La plus grande est le triptyque de saint Jean-Baptiste et saint Jean l'Évangéliste, commandée par l'église de l'hôpital pour son retable. Cherchez sainte Catherine (auprès de sa roue) et sainte Barbe, toutes deux assises aux pieds de la Vierge. Les œuvres profanes de Memling sont tout aussi fascinantes, tel le délicat *Portrait d'une jeune femme* (1480), dans lequel les mains du sujet reposent sur le cadre peint de son portrait.

La Châsse de sainte Ursule

Cette châsse de chêne doré ressemble à une cathédrale gothique miniature. Peinte par Memling, elle représente des scènes de la vie de sainte Ursule, avec notamment des paysages très réalistes de Cologne. La dévote Ursule était une princesse bretonne promise à un prince païen. Elle avait accepté de l'épouser à condition de pouvoir aller en pèlerinage à Rome (via Cologne) avec 11 000 vierges. Toutes ont été massacrées sur le chemin du retour par le roi des Huns, ainsi qu'Ursule et son fiancé.

Objets du St-Janshospitaal

L'hôpital Saint-Jean a été élégamment restauré afin de mettre en valeur les poutres apparentes du bâtiment du XIIe siècle et un éventail d'objets. Parmi eux figurent d'inquiétants instruments médicaux, des chaises à porteurs et une sinistre peinture d'un cours d'anatomie (1679).

À savoir

- Achetez une Bruges City Card (p. 35) si vous visitez plusieurs musées ; avec réductions pour la location de véhicules, des spectacles et des restaurants.
- La boutique du musée vend un guide très complet sur les œuvres exposées (12,50 €).
- La pharmacie du XVIIe siècle, bel espace carrelé avec des rangées de flacons et une horloge à balancier, vaut le détour. Les cloîtres vitrés que vous traverserez sont magnifiques.
- La Salle du conseil d'administration, adjacente à la pharmacie, présente des portraits d'administrateurs en perruque et collerette.

Une petite faim ?

Descendez Mariastraat jusqu'à l'intersection avec Katelijnestraat pour déguster les spécialités végétariennes de De Bron (p. 59).

Les incontournables
Béguinage

Le charmant béguinage de Bruges date du XIIIe siècle. Même si la dernière béguine a depuis longtemps disparu (voir p. 56), ces jolies maisons chaulées, entourées de murs protecteurs et organisées autour d'un jardin, accueillent encore des nonnes bénédictines. Malgré les hordes de touristes en été, une sérénité totale émane de ce béguinage et, au printemps, le tapis de jonquilles ajoute au charme des lieux. Sur place, le charmant musée 't Begijnhuisje vous ouvre les portes d'une maison traditionnelle.

Plan p. 52, B4

entrée libre

6h30-18h30

Béguinage

À ne pas manquer

't Begijnhuisje

Cette charmante maison du XVIIe siècle a été convertie en **musée** (Begijnhof, Wijngaardstraat ; adulte/enfant/senior 2/1/1,50 € ; ⌚10h-17h lun-sam, 14h30-17h dim). Dans la cuisine rustique ornée de carreaux de faïence de Delft bleu et blanc, vous découvrirez un poêle de Louvain qui se prolonge en dehors du foyer pour que les gens puissent s'asseoir autour. Le salon présente du chantilly noir (voir p. 43), tandis que dans l'austère chambre à coucher, vous pourrez admirer le portrait d'une béguine en costume traditionnel. Derrière la maison, vous trouverez un cloître en pierre tout simple avec un puits.

Église du béguinage

Cette église baroque présente un flamboyant maître-autel, des stalles du XVIIe siècle et des putti potelés ornant le pourtour du chœur. À l'extérieur, de hauts ormes encadrent la vue sur les maisons chaulées, et malgré les visiteurs souvent nombreux, la tranquillité des lieux reste intacte.

Le parc Minnewater

Surnommé "lac d'Amour", ce parc charmant offre un supplément de romantisme au quartier, avec de nombreux sentiers ombragés et bancs où se réfugier par une journée ensoleillée. Au Moyen Âge, c'est ici que les navires du monde entier déchargeaient leurs cargaisons de laine, vin, épices et soies.

☑ À savoir

- Devant le pont d'entrée (1776) du béguinage, vous trouverez des restaurants avec terrasse et des marchands de gaufres. Attention : les prix sont élevés.
- En face du pont, ne manquez pas la fontaine ; les têtes de chevaux sculptées crachent de l'eau, permettant aux conducteurs de calèche d'abreuver leurs chevaux.
- Le parc Minnewater est un endroit agréable pour pique-niquer.
- Photographiez le béguinage à l'aube ou au crépuscule pour une belle lumière.
- Pour plus d'informations sur les béguines de Bruges, voir p. 56.

Une petite faim ?

Descendez une ruelle tranquille jusqu'à De Stoepa (p. 58) : cuisine simple dans une ambiance décontractée.

A
B
C
D
1
2
3
4
5
Burg
Garre
Huiden-vettersplein
Vismarkt
Braambergstr
Waalsestr
Hallestr
Wollestr
Rozenhoedkaai
't Pandreitje
Ontvangersstr
Kopstr
Helmstr
Haanstr
Wulfhagestr
Giststr
Zilverstr
St-Niklaasstr
Kemelstr
Simon Stevinplein
Noordzandstr
Dweersstr
Steenstr
Oude Burg
Nieuwstr
Mariastr
Dijver
Eekhoutstr
Zuidzandstr
Guido Gezelle-plein
Gruuthusstr
Groeningemuseum
Garenmarkt
't Zand
Korte Vuldersstr
Heilige Geeststr
Hof Arents
Goezeputstr
Memlingmuseum
Boeveriestr
Croisières sur les canaux
Kastanjeboomstr
Groeninge
Nieuwe Gentweg
Bakkersstr
Stoofstr
R30
Obrechtsstr
Walstr
Oude Gentweg
Zonnekemeers
Walplein
Koning Albertlaan
Westmeers
Oostmeers
Noordstr
Wijngaardstr
Katelijnestr
Begijnhof
Wijngaardplein
Minnewater Park
Eiland
Minnewater
Begijnenvest
Katelijnevest
Stations-Plein
Gare ferroviaire
0
200 m
Buiten Katelijnevest
Nos adresses
Les incontournables p. 46
Voir p. 53
Se restaurer p. 58
Prendre un verre p. 61
Sortir p. 61
Shopping p. 62

Voir

Onze-Lieve-Vrouwekerk ÉGLISE

1 Plan p. 52, C2

Cette église du XIIIe siècle, vaste et un brin austère, est flanquée d'une énorme tour. Elle est connue pour renfermer un marbre de Michel-Ange, la *Madone de Bruges* (1504), et abrite également l'*Adoration des bergers* de Pieter Pourbus. Dans l'abside, le **trésor** présente de splendides œuvres d'art du XVe et du XVIe siècle, ainsi que les beaux tombeaux en pierre et en bronze de Charles le Téméraire et sa fille, Marie de Bourgogne. (église Notre-Dame ; Mariastraat ; trésor adulte/tarif réduit 2,50/2 € ; 9h30-16h50 lun-sam, 13h30-16h50 dim)

Canal Tour CROISIÈRE EN BATEAU

2 Plan p. 52, D1

Certes, il s'agit là d'une attraction très touristique, mais la découverte de la ville depuis l'eau offre une perspective complètement différente. En voguant le long de Spiegelrei en direction de Jan Van Eyckplein, on imagine aisément les marchands vénitiens qui entraient autrefois dans la cité et se retrouvaient sous la majestueuse tourelle de la Loge des Bourgeois (Poortersloge). Les bateaux partent toutes les 20 minutes environ des quais au sud du Burg, notamment Rozenhoedkaai et Dijver, et les croisières durent 30 minutes. Attention à l'affluence en été. (adulte/enfant 7,60/3,40 € ; 10h-18h mars à mi-nov)

Arentshuis MUSÉE

3 Plan p. 52, C2

Avec votre billet pour le Groeningemuseum, l'entrée est gratuite dans cette majestueuse maison patricienne du XVIIIe siècle, qui renferme les toiles et eaux-fortes de Frank Brang-wyn (1867-1956), un artiste brugeois d'origine galloise. Ses représentations de la Première Guerre mondiale (il était peintre officiel de la guerre) sont saisissantes. (Dijver 16 ; adulte/tarif réduit/enfant 2/1 €/gratuit ; 9h30-17h mar-dim)

Hof Arents PARC

4 Plan p. 52, C2

Derrière l'Arentshuis, Hof Arents est un charmant petit parc où un pont piéton en dos d'âne, le **St-Bonifaciusbrug,** traverse le canal et offre une vue magnifique. Souvent surnommé “pont des amoureux”, c'est ici que de nombreux Brugeois volent leur premier baiser. Ceux qui ont la chance de séjourner à la maison d'hôtes **Nuit Blanche** pourront apprécier le romantisme des lieux éclairés par la lune après la fermeture. (entrée libre ; 7h-22h avr-sept, 7h-21h oct-mars)

St-Salvatorskathedraal ÉGLISE

5 Plan p. 52, B2

Plusieurs tourelles surmontent l'énorme tour centrale de la cathédrale Saint-Sauveur, datant du XIIIe siècle. De jour, l'édifice paraît un brin austère, mais une fois illuminé à la tombée de la nuit, il est fascinant. L'intérieur, immense, est simple, malgré les tapisseries anciennes. Sous la tour, un sol vitré révèle des tombes peintes. Le **trésor** mérite un coup d'œil, avec des cuivres du XVe siècle et un triptyque de 1559 peint par Dirk Bouts. (Steenstraat ; trésor adulte/tarif réduit 2/1 € ; 14h-17h45 lun, 9h-12h et 14h-17h45 mar-ven, 9h-12h et 14h-15h30 sam-dim, trésor 14h-17h dim-ven)

Godshuis St-Jozef et De Meulenaere

MONUMENT

6 Plan p. 52, D3

Un des plaisirs de la marche à pied à Bruges consiste à tomber par hasard sur un ensemble de *godshuizen* (maisons-Dieu). Une des plus charmantes et centrales est Godshuis St-Jozef et De Meulenaere. Entrez par les grandes portes noires. (Nieuwe Gentweg 24)

Diamantmuseum

MUSÉE

7 Plan p. 52, C3

Au Moyen Âge, avant qu'Anvers ne devienne la capitale belge du diamant, c'est à Bruges que revenait ce titre. Cet intéressant musée propose une **démonstration de polissage** d'un diamant brut de 252 carats, moyennant un supplément de 3 €. (musée

JONATHAN SMITH/GETTY IMAGES©

Bateaux sur le canal

Comprendre

Les primitifs flamands

La riche tradition picturale belge s'épanouit au XVᵉ siècle à Bruges, avec des peintres rassemblés sous le nom de "**primitifs flamands**". Tous n'étaient pas flamands et leur travail était tout sauf primitif. En fait, ce terme dérive du latin *primus,* qui signifie "premier" et souligne le caractère novateur et expérimental de leur approche. Ils introduisent en effet une nouvelle technique, la peinture à l'huile sur panneaux de chêne, en ajoutant de fines couches de peinture pour donner plus d'éclat aux couleurs et un grand sens du détail.

Leur utilisation lumineuse de la couleur et leurs représentations méticuleuses de sujets profanes exercent une influence considérable sur l'art européen. Figure de ce mouvement, **Jan van Eyck** (vers 1390-1441) fait fortune comme peintre mais aussi comme valet de chambre grassement payé auprès des puissants ducs de Bourgogne. Il vit à Bruges, et le Groeningemuseum (p. 46) conserve certaines de ses plus belles toiles, notamment un portrait de sa femme. Autres noms importants, **Rogier van der Weyden** (vers 1400-1494) et le Hollandais **Gerard David** (vers 1460-1523) passent tous deux une grande partie de leur vie à Bruges.
Hans Memling (vers 1440-1494) est une autre personnalité majeure de la période. Il serait arrivé à Bruges de Cologne vers l'âge de 25 ans. Il est alors un peintre déjà accompli, après une période de formation à Bruxelles auprès de Rogier van der Weyden. Memling devient rapidement un favori des bourgeois de la ville. Il s'associe également avec l'hôpital Saint-Jean, qui lui commande deux superbes tableaux religieux exposés aujourd'hui au Memlingmuseum (p. 48). Ce dernier abrite aussi la *Châsse de sainte Ursule*, un des plus beaux trésors de Bruges.

Contemporain des primitifs, **Hieronymus Bosch** (vers 1450-1516) travaille principalement aux Pays-Bas, même si la distinction entre peinture hollandaise et flamande est quelque peu artificielle, car jusqu'à la fin du XVIᵉ siècle, la Belgique et les Pays-Bas sont unis, et les artistes passent fréquemment d'une cour royale ou d'une ville à une autre. Ses peintures les plus fascinantes sont des paraboles visuelles cauchemardesques, remplies de bêtes horribles et de créatures diaboliques dévorant ou torturant des humains agonisants. L'œuvre de Bosch a beaucoup influencé le grand peintre flamand du XVIᵉ siècle, **Pieter Bruegel l'Ancien.** Des tableaux de Bosch et de Bruegel sont visibles au Groeningemuseum (p. 46).

Comprendre

Béguinages et maisons-Dieu

Au XIIe siècle, nombreux étaient les hommes des Pays-Bas à partir en croisade en Terre sainte et à ne jamais en revenir. Seules et sans protection, leurs épouses rejoignaient alors souvent un ordre religieux. Mais intégrer un couvent nécessitait de renoncer à ses biens et même à son nom. Un compromis, très apprécié des veuves fortunées, consistait à devenir une béguine (*begijn* en flamand). Ces sœurs laïques prononçaient des vœux catholiques, notamment d'obéissance et de chasteté, mais pouvaient conserver leur fortune personnelle. Elles habitaient un **béguinage** (*begijnhof* en flamand) indépendant : un ensemble de maisons construites autour d'un jardin et d'une église et entourées de murs protecteurs. Les terres (souvent situées à la périphérie des villes) étaient généralement prêtées par un seigneur féodal pieux, mais une fois établies, ces communautés exclusivement féminines vivaient en autarcie. La plupart possédaient une ferme et un jardin potager, et gagnaient des revenus supplémentaires grâce à la dentelle ou à des bienfaiteurs qui payaient les béguines afin qu'elles prient pour eux. Au XVIe siècle, le protestantisme grandissant de la Hollande signa la disparition de la plupart des béguinages hollandais. En revanche, la Flandre, sous domination espagnole, était aux mains de catholiques fervents qui réorganisèrent les communautés. Les nouveaux béguinages s'apparentaient davantage à des hospices et bénéficiaient de financements beaucoup plus importants. À partir de 1583, l'archevêque de Mechelen établit un règlement officiel et un "uniforme" pour les béguines qui, à une époque, constituaient près de 5% de la population féminine de Flandre.

Les béguinages étaient au nombre de 1 500 en Belgique au début du XXe siècle. Aujourd'hui, le pays ne compte plus qu'une seule béguine : Marcella Pattyn, à Kortrijk, un des 14 béguinages de Flandre inscrits sur la liste du patrimoine mondial de l'Unesco. Ils sont tous magnifiquement préservés, et celui de Bruges est l'un des plus beaux.

Similaires aux béguinages mais généralement plus petites, les **maisons-Dieu** (*godshuizen* en flamand) sont des maisons munies de volets en brique rouge ou chaulées, organisées autour d'un petit jardin. Construites à l'origine par des guildes de marchands pour leurs membres ou de riches donateurs pour fournir un toit aux miséreux, de nos jours, ce sont des endroits idéaux pour se détendre si vous osez pousser leurs portes souvent fermées. Bruges en abrite pas moins de 46.

du Diamant ; ✆050 34 20 56 ; www.diamondmuseum.be ; Katelijnestraat 43 ; adulte/senior/étudiant 7/6/5 € ; ⏲10h30-17h30, démonstrations 12h15 et 15h15)

Brouwerij De Halve Maan

BRASSERIE

8 Plan p. 52, C3

Fondée en 1856, voici la dernière *brouwerij* (brasserie) familiale du centre de Bruges encore en activité. Des **visites guidées** (45 minutes) sont organisées toutes les heures. Elles incluent une dégustation de bière et affichent parfois complet. Si c'est le cas, vous pourrez néanmoins goûter leur excellente *Brugse Zot* (7%) ou la *Straffe Hendrik* (9%) dans le charmant café-brasserie. (✆050 33 26 97 ; www.halvemaan.be ; Walplein 26 ; visites guidées 6,50 € ; ⏲visite de 45 min toutes les heures 11h-16h avr-sept, 11h et 15h oct-mars ; brasserie 10h30-18h, fermé 2 semaines mi-janv)

Brasserie De Halve Maan

Gruuthuse

MUSÉE

9 Plan p. 52, C2

Ce musée doit son nom au mélange de fleurs et d'herbes (*gruut*) qui servait à parfumer la bière avant la culture du houblon. La romantique entrée, située dans une cour entourée de murs couverts de lierre et de tours fascinantes, est peut-être plus intéressante que l'intérieur, consacré aux Arts décoratifs. La vue étonnante depuis la fenêtre de l'oratoire, à l'étage, sur l'abside de la Onze-Lievevrouwekerk mérite un coup d'œil. (Dijver 17 ; adulte/tarif réduit 6/5 € ; ⏲9h30-17h mar-dim)

Minnewater

CANAL

10 Plan p. 52, C5

Surnommé le "lac d'Amour", le Minnewater évoque la Bruges médiévale. Ce canal était alors un quai où des navires en provenance de pays aussi lointains que la Russie arrivaient remplis de cargaisons de laine, de vin, d'épices et de soies, et repartaient chargés de draperie flamande.

Se restaurer

Den Dijver

BELGE €€

11 Plan p. 52, D1

Dans cet élégant restaurant, chaque plat est accompagné d'une bière spécifique et le précieux nectar compte également au nombre des ingrédients utilisés pour la préparation des plats. Le lièvre aux navets et raviolis aux canneberges cuits dans l'Oude Gueuze et servis avec de la Petrus Winterbier en constitue un exemple savoureux. La carte évolue au fil des saisons et les 3, 4 ou 5 plats des menus sont accompagnés de bières différentes. Il y a également du vin, mais on ne vient pas ici pour cela. (050 33 60 69 ; www.dijver.be ; plats 19-26 €, menu 3/4/5 plats 46/56/73 €, bières incluses 56/68/89 € ; 12h-14h et 18h30-21h30 ven-lun)

De Stoepa

BISTROT €€

12 Plan p. 52, B4

Un petit bijou caché dans un paisible quartier résidentiel, avec une décoration d'inspiration bouddhique. Statues orientales, murs couleur ocre, poêle en métal, sols et mobilier en bois créent une ambiance chaleureuse mais élégante. Et, cerise sur le gâteau, il y a aussi un jardin verdoyant. Cuisine de bistrot haut de

Parc Minnewater (p. 57)

gamme. (☎050 33 04 54 ; www.stoepa.be ; Oostmeers 124 ; ⏲12h-14h et 18h-0h mar-sam, 12h-15h et 18h-23h dim)

Den Gouden Harynck EUROPÉEN €€€

13 Plan p. 52, C2

Derrière une façade couverte de lierre, ce restaurant dépouillé étoilé au Michelin est unanimement salué et ne coûte pas aussi cher que certains de ses concurrents plus connus. La situation est idéale, à la fois centrale et protégée. (☎050 33 76 37 ; www.dengoudenharynck.be ; Groeninge 25 ; plats 38-45 €, menu déj 35 €, menu 3/4 plats 74/89 € ; ⏲déj et dîner mar-sam)

Christophe BELGE €€

15 Plan p. 52, D2

Un petit restaurant sympathique et ouvert tard le soir, avec des tables en marbre et un bon choix de spécialités flamandes comme les crevettes de Zeebrugge. (☎050 34 48 92 ; www.christophe-brugge.be ; Garenmarkt 34 ; plats 17-30 € ; ⏲18h-1h jeu-lun)

De Bron VÉGÉTARIEN €

14 Plan p. 52, D3

La queue se forme dès l'ouverture de ce restaurant au toit vitré, où l'on vient déguster des plats végétariens directement *de bron* (à la source). Les portions sont petites, moyennes ou grandes et les soupes sont délicieuses (celle à la citrouille est un régal). Plats végétaliens à la demande. (☎050 33 45 26 ; Katelijnestraat 82 ; ⏲déj lun-ven ; 🌶)

100% brugeois

Idée évasion – la côte belge

Depuis Bruges, un rapide trajet en train (ou 50 min à vélo) vous conduira jusqu'au littoral. Sur 65 km, la côte offre une grande variété de paysages.

Quelques excursions incontournables : la promenade en bord de mer à **Ostende** (www.inenuitoostende.be), port de pêche animé ; l'ambiance Belle Époque de la station balnéaire **De Haan** (www.dehaan.be) ; les buildings de **Knokke-Heist** (www.knokke-heist.be) ; le superbe **musée Paul Delvaux** (☎058 52 12 29 ; www.delvauxmuseum.com ; Delvauxlaan 42 ; 8 € ; ⏲10h30-17h30 mar-dim avr-sept, jeu-dim oct-dec, fermé jan-mars) de **Saint-Idesbald** ; le parc d'attractions **Plopsaland** (☎058 42 02 02 ; www.plopsaland.be ; De Pannelaan 68 ; entrée + attractions 32 € ; ⏲10h-17h30 avr-juin, 10h-19h juil-août, 10h-17h30 mer, sam et dim sept-oct), à De Panne.

Les **tramways côtiers** (De Kusttram ; ☎070 22 02 20 ; www.dekusttram.be ; billet 1/3 jours 5/10 € ; ⏲départ toutes les 15 min, 5h30-13h ; 2 heures) s'arrêtent dans toutes les villes du bord de mer. Toutes les heures, des trains relient Bruges à Knokke (3 €, 15 min), Ostende (3,30 €, 15 min), Zeebrugge (2,40 €, 10 min) et De Panne (7,40 €, 1 heure ; changement à Lichtervelde).

Comprendre

Les bières belges

La bière est ici bien plus que l'ingrédient clé d'une bonne soirée entre amis. Elle est à la Belgique ce que le vin est à la France : une boisson à savourer en prenant le temps d'apprécier ses caractéristiques et ses saveurs uniques. Il faudrait une vie entière pour goûter toute la production locale, puisqu'on estime qu'un millier de bières différentes sont brassées dans le pays. À chacune est attaché un verre au logo de la marque (indiquant le niveau où commence le col de mousse), à la forme conçue pour en rehausser la saveur et les arômes, d'où des façons différentes de servir chaque bière.

Ce sont des congrégations religieuses qui, les premières, ont concocté ces joyaux de la brasserie internationale. Les onctueuses bières trappistes aux couleurs or plus ou moins sombres (6 à 12% d'alcool) sont produites depuis des siècles par des moines de l'ordre cistercien. Aujourd'hui, la moyenne d'âge des moines est de 70 ans ; les nouvelles recrues sont rares, et seules trois abbayes continuent de brasser en Flandre.

La Belgique aussi a son "champagne", le lambic (*lambiek* en flamand), dont la fabrication peut prendre jusqu'à trois ans. Le secret ? Une fermentation spontanée causée par des levures sauvages lors du refroidissement à l'air libre. Le lambic le plus apprécié est la gueuze, qui évoque le cidre. Les lambics fruités, comme la kriek à la cerise ou la framboise, sont moins amers.

On peut leur préférer les bières blanches (*witbier* en flamand), comme la Brugs Tarwebier à Bruges. Ces blanches sont délicieuses en été : on les déguste fraîches avec une rondelle de citron, contrairement à la plupart des bières belges, meilleures à température ambiante.

La Belgique produit également des blondes (avec en tête la Duvel), des bières dites d'abbaye (puissantes et fortes comme la Leffe, brassées selon les techniques originales des moines mais non dans les abbayes), les Vlaams Rood (rouges flamandes, vieillies en fûts) et les amères Oud Bruin ("vieilles brunes", assemblages de bières jeunes et vieilles, avec fermentation secondaire en bouteille).

Bistro Arthies

BISTROT **€€**

16 Plan p. 52, C1

Cet établissement est tenu par Arthies, un décorateur d'intérieur haut en couleur. Il utilise une horloge à rétroprojection, des vases géants de fleurs noires et des lampes originales pour créer une ambiance non conformiste mais à la pointe de la mode. Un menu à 18 € est servi toute la journée. (☎050 33 43 13 ; www.arthies.com ; Wollestraat 10 ; plats/moules à partir de 19/21 € ; ⏲11h30-22h mer-lun)

De Proeverie

SALON DE THÉ €

17 Plan p. 52, C3

Un salon de thé désuet, mais charmant, qui sert un bon choix de thés, des chocolats chauds bien crémeux, des milk-shakes et de délicieux desserts maison comme la crème brûlée, la mousse au chocolat et le “merveilleux”. (☎050 33 08 87 ; www.deproeverie.be ; Katelijnstraat 5-6 ; ⏲9h30-18h)

100% brugeois

The Vintage

Pour une expérience un peu différente, prenez un verre à **The Vintage** (Plan p. 52, B2 ; ☎050 34 30 63 ; www.thevintage.be ; Westmeers 13 ; 11h-1h lun, mar et jeu, 11h-2h ven-sam, 12h-1h dim). Étonnamment branché pour Bruges, ce bar propose un cadre agréable inspiré des années 1960 et 1970, avec une Vespa d'époque suspendue au plafond. La terrasse ensoleillée est idéale pour siroter une Jupiler. Attention, les soirées à thème peuvent se révéler très animées.

Prendre un verre

't Brugs Beertje

PUB

18 Plan p. 52, B1

Célèbre à Bruges, en Belgique et par-delà les frontières pour ses centaines de bières belges, ce beau café brun est décoré d'anciennes affiches publicitaires. Certains habitués font partie du décor. (Kemelstraat 5 ; ⏲16h-1h jeu-mar)

Cafédraal

BAR

19 Plan p. 52, B2

Adjacent à un restaurant de fruits de mer haut de gamme, ce remarquable bar dispose d'un jardin intérieur ombragé et présente ses bouteilles dans des niches dorées. Malgré de drôles de lampes suspendues en forme de poissons et de jambons, l'endroit reste agréablement élégant. (☎050 34 08 45 ; www.cafedraal.be ; Zilverstraat 38 ; bière/vin/cocktails à partir de 2,80/5/10 € ; ⏲18h-1h mar-jeu, 18h-3h ven-sam)

Sortir

Concertgebouw

SALLE DE CONCERTS

20 Plan p. 52, A3

Cette étonnante salle de concerts contemporaine est l'œuvre des architectes Paul Robbrecht et Hilde Daem, qui se sont inspirés des trois célèbres tours de la ville et de la brique rouge. La scène accueille régulièrement du théâtre, de la musique classique et de la danse. Les billets peuvent être achetés à l'office du tourisme, situé au niveau de la rue. (☎050 47 69 99 ; www.concertgebouw.be ; 't Zand 34 ; billets à partir de 10 €)

Cactus Muziekcentrum CONCERTS

21 ★ Plan p. 52, A2

Ce petit établissement est l'adresse phare de Bruges pour la musique contemporaine et les musiques du monde. Des groupes et des DJ y sont régulièrement reçus et on y organise des festivals, entre autres le **Cactus Music Festival** (www.cactus festival.be), qui se tient en juillet dans le parc Minnewater, à l'extrémité sud de la ville (☎050 33 20 14 ; www.cactusmusic.be ; Magdalenastraat 27).

Shopping

Chocolate Line CHOCOLATS

22 🛍 Plan p. 52, B2

Si Bruges compte 50 boutiques de chocolat, 5 seulement sont aussi des chocolateries. Et Chocolate Line est la meilleure d'entre elles. Parmi les saveurs audacieuses élaborées par Dominique Persoone, citons le Coca-Cola amer, ou le trio olive noire, tomate, basilic. On y vend aussi des pots de chocolats, qui sont des soins pour le corps (avec un pinceau). (☎050 34 10 90 ; www.thechocolateline.be ; Simon Stevinplein 19 ; par kilo 50 € ; ⏲10h-18h)

Chocolats

Zucchero

CONFISERIE

23 Plan p. 52, C2

Une merveilleuse confiserie à la décoration fuchsia qui ne passe pas inaperçue. On y vend une multitude de caramels, de bonbons et de glaces, et l'on peut voir les jeunes propriétaires couper eux-mêmes les bâtons de sucettes. (050 33 39 62 ; www.confiserie-zucchero.be ; Mariastraat 18 ; 10h-18h mar-sam, 11h-18h dim)

De Striep

BD

24 Plan p. 52, C3

Dénichez les superbes guides illustrés de Thibaut Vandorselaer dans cette boutique de BD haute en couleur. Large choix d'ouvrages en flamand et en français. (050 33 71 12 ; Katelijnestraat 42 ; 10h-12h30 et 13h30-19h mar-sam, 14h-18h dim)

Mille-Fleurs

ARTICLES POUR LA MAISON

25 Plan p. 52, C1

Un choix étourdissant de tapisseries flamandes fabriquées à la machine près de Wetteren. L'endroit vaut le détour si vous avez envie de rapporter un petit bout de Belgique chez vous. On y vend aussi des plaids, des coussins, des tapis, des napperons, des sacs et des porte-monnaie. (050 34 54 54 ; www.millefleurstapestries.com ; Wollestraat 33)

Zilverpand

CENTRE COMMERCIAL

26 Plan p. 52, B1

Galerie marchande située entre Steenstraat et Noordzandstraat, abritant essentiellement des magasins de vêtements de milieu de gamme.

BROUETTE

Explorer
Bruxelles

Vaut le détour

Grand-Place
JONATHAN SMITH/GETTY IMAGES©

Explorer

Grand-Place et Îlot sacré

C'est sur la Grand-Place, bordée de demeures à pignons et flanquée de l'hôtel de ville du XVe siècle, que bat le cœur de Bruxelles. Ses pavés y accueillaient alors un marché, dont ses ruelles environnantes évoquent encore les herbes, fromages ou volailles. Dans les années 1960, le quartier fut menacé de démolition, et les propriétaires créèrent la "commune libre" de l'Îlot sacré pour en préserver l'architecture.

L'essentiel en un jour

La **Grand-Place** (p. 68) et ses superbes maisons rehaussées de dorures s'imposent pour entamer la découverte de la ville, dont on découvre l'histoire au **musée de la Ville de Bruxelles** (p. 69). Rendez-vous ensuite au **musée du Costume et de la Dentelle** (p. 74), avant de faire une pause déjeuner au **Fonograf** (p. 80) ou de poursuivre la visite avec la **maison du Cygne** (p. 79).

Traversez les majestueuses **galeries royales Saint-Hubert** (p. 76) sur les traces de Victor Hugo, puis mettez le cap sur le **Centre Belge de la Bande Dessinée** (p. 70), installé dans un ancien grand magasin de style Art nouveau dessiné par Victor Horta. En attendant l'heure du repas, accordez-vous une bière à l'irrésistible **Théâtre royal de Toone** (p. 82).

Dînez tranquillement sur fond de piano live au **Cercle des Voyageurs** (p. 76), en profitant de l'occasion pour jeter un rapide coup d'œil au fameux **Manneken Pis** (p. 74) voisin. Après quoi, direction le **Music Village** (p. 81) pour un concert de jazz ou **Le Cirio** (p. 80) pour commander le typique *half-en-half* (moitié vin, moitié mousseux). Enfin, regagnez la Grand-Place pour la voir tout illuminée.

Les incontournables

Grand-Place (p. 68)
Centre Belge de la Bande Dessinée (p. 70)

Le meilleur du quartier

Cuisine gastronomique

Café-restaurant de l'Ogenblik (p. 76)
La Maison du Cygne (p. 79)
Sea Grill (p. 79)

Bars à musique

Le Cercle des Voyageurs (p. 76)
Le Fonograf (p. 80)
Music Village (p. 81)
Art Base (p. 82)

Cinéma

Actor's Studio (p. 82)
Cinéma Galeries (p. 82)

Comment y aller

M Ce quartier central est facilement accessible depuis les stations de métro De Brouckère, Gare Centrale et Rogier, ainsi que depuis la station de prémétro Bourse.

Les incontournables
Grand-Place

La magnifique Grand-Place compte parmi les ensembles urbains les plus remarquables d'Europe. Curieusement enclavé, cet espace recouvert de pavé ne se dévoile qu'en débouchant de l'une des six ruelles latérales : la rue des Harengs offre la plus belle approche. Si l'hôtel de ville gothique du XVe siècle, doté d'un beffroi, constitue le monument phare, les maisons des guildes bâties pour l'essentiel entre 1697 et 1705 ont chacune leur charme propre. Ces édifices à pignon baroques arborent avec ostentation statues dorées et symboles des corporations auxquelles ils appartenaient.

Plan p. 72, C6

M Gare Centrale ou
Bourse

Maisons des corporations sur la Grand-Place

À ne pas manquer

Hôtel de ville

Construit entre 1444 et 1480, le flamboyant **hôtel de ville** fut l'un des seuls monuments de la Grand-Place à échapper au bombardement français de 1695. Des gargouilles gothiques ornent sa façade en pierre et une statue dorée de saint Michel, patron de Bruxelles, surmonte son gracieux beffroi haut de 96 m.

Maison du Roi

Cette imposante fantaisie d'arches néogothiques, de statues et de petites flèches a deux siècles de moins que les maisons des corporations alentour. L'édifice renferme le **musée de la ville de Bruxelles** (☎02-279 43 50 ; www.brucity.be ; adulte/tarif réduit 3/2,50 € ; ⏲10h-17h mar-dim ; Ⓜ Gare Centrale ou 🚋 Bourse), qui illustre l'histoire de la ville à travers des cartes, des vestiges architecturaux et des peintures. Ne manquez pas le *Cortège de Noces* (1567) de Bruegel l'Ancien, ni les 760 costumes (dont un d'Elvis) du Manneken Pis (p. 74).

Maisons des corporations

Parmi les plus belles, avec leur numéro sur la place et la guilde à laquelle elles appartenaient : **La Louve** (5 ; archers), dont le phénix doré symbolise la renaissance de la Grand-Place après le bombardement ; **Le Cornet** (6 ; bateliers), et son pignon en forme de poupe de navire ; **Le Cygne** (9 ; bouchers), où Karl Marx fut hébergé en 1847, et **L'Arbre d'or** (10 ; brasseurs), décoré de houblon sculpté, qui accueille le petit musée de la Brasserie (p. 75).

Maison des Ducs de Brabant

Cet ensemble de sept maisons datant de 1698, derrière une même façade monumentale remaniée en 1770, a été restauré à la fin du XIXe siècle.

☑ À savoir

- Des circuits à vélo (p. 148) et à pied partent de l'office du tourisme à 10h et 15h respectivement.
- La place revêt un aspect différent selon les moments de la journée. Visitez-la plusieurs fois et ne manquez pas la magie de ses illuminations nocturnes.
- Un marché aux fleurs se tient les mardi, mercredi et vendredi matin.
- L'endroit accueille les manifestations les plus diverses, des marchés de Noël aux concerts en passant par un "tapis de fleur" tous les deux ans en août.

✕ Une petite faim ?

Prenez le thé ou une glace dans la célèbre biscuiterie Dandoy (p. 78), tout près de la Grand-Place.

Les incontournables

Centre Belge de la Bande Dessinée

Ce musée national de la BD donne un aperçu complet de l'évolution du neuvième art, sa fabrication, ses œuvres et ses artistes fondateurs ainsi que des créateurs d'aujourd'hui. Le bâtiment, d'anciens magasins de tissus inondés de lumière, conçu en 1906 par l'architecte Art nouveau Victor Horta, justifie à lui seul le détour. Vaste boutique-librairie et café agréable.

Plan p. 72, E3

☎ 02-219 19 80

www.comicscenter.net

Rue des Sables 20

adulte/tarif réduit 8/6 €

🕒 10h-18h mar-dim

Ⓜ Rogier

Centre Belge de la Bande Dessinée

À ne pas manquer

La naissance de la BD

Le musée fait remonter la genèse du neuvième art jusqu'aux mosaïques antiques et considère que les manuscrits médiévaux enluminés, avec leurs bandes historiées et leurs bulles, furent ses précurseurs. La chronologie s'arrête aussi, entre autres, sur des esquisses de lutteurs saisis sur le vif par le peintre japonais Hokusai et des illustrations de quotidiens new-yorkais du XIXe siècle.

Le musée de l'imagination

L'endroit fait la part belle à Tintin, star incontestée de la BD belge. Le personnage créé par Hergé est présenté comme un "Monsieur tout-le-monde" physiquement neutre qui peut se transformer tour à tour en grand-mère, en Indien enturbanné ou en vieux sage à barbe blanche. Par contraste, le versatile capitaine Haddock incarne les émotions incontrôlées. Quant au professeur Tournesol, il égaye souvent l'intrigue de ses malentendus et comportements bizarres. Parmi les autres artistes nationaux traités plus succinctement figure Peyo, l'auteur des *Schtroumpfs*.

Le bâtiment de Victor Horta

Conçu en 1906 pour abriter les grands magasins de tissus Waucquez, cet édifice d'une belle sobriété possède une ossature métallique, des colonnettes en fonte et une verrière laissant pénétrer la lumière. En entrant, le visiteur est accueilli par une maquette de la fusée rouge et blanc d'*Objectif Lune* qui se détache sur la pierre claire. À droite, une petite exposition retrace la construction, le déclin et la restauration du bâtiment.

À savoir

- Il n'y a pas de droit d'entrée à payer pour admirer le hall central ou boire un espresso (2,20 €) au café du musée.
- Les expositions temporaires au dernier étage sont consacrées à la BD internationale.
- Faites un tour à la boutique, qui vend essentiellement des livres, dont les classiques albums de *Tintin* et des *Schtroumpfs* ainsi que des mangas et des ouvrages d'heroic-fantasy.
- Une bibliothèque spécialisée dans la BD se trouve à côté.

Une petite faim ?

La **Brasserie Horta** (www.brasseriehorta.be ; plats 14-18 € ; 12h-15h mar-dim) sert des classiques de la cuisine belge dans un cadre attrayant.

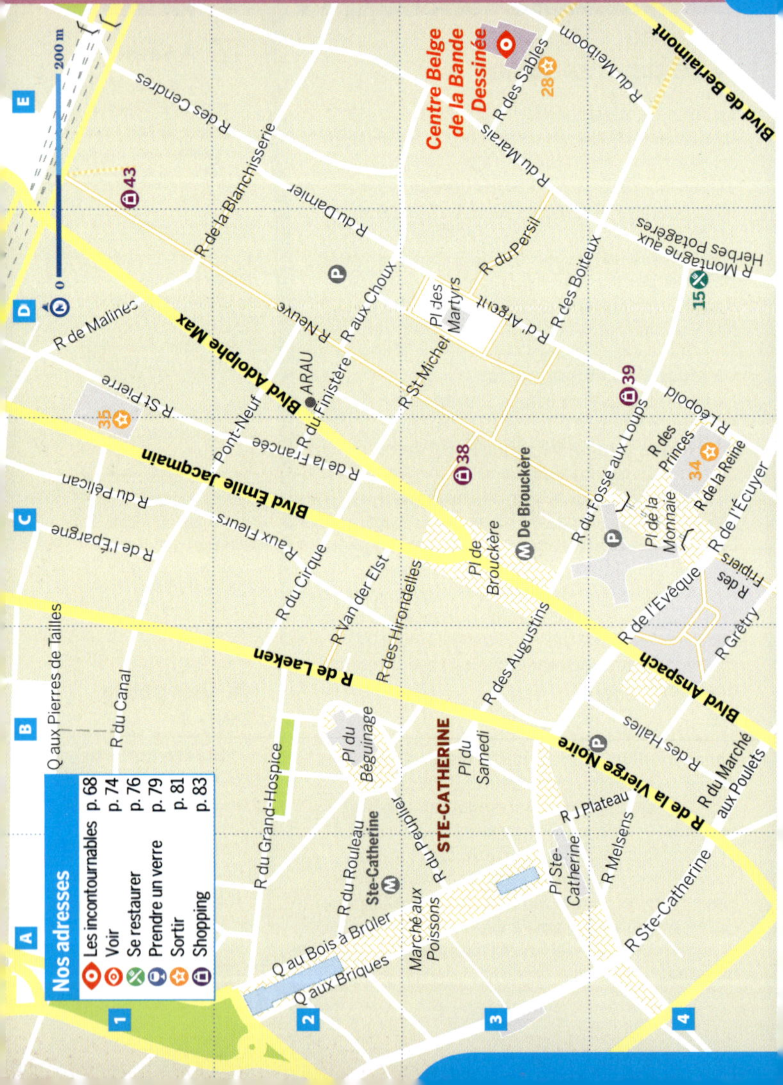
Nos adresses
Les incontournables p. 68
Voir p. 74
Se restaurer p. 76
Prendre un verre p. 79
Sortir p. 81
Shopping p. 83
Centre Belge de la Bande Dessinée
STE-CATHERINE
De Brouckère
Ste-Catherine
Blvd Adolphe Max
Blvd Émile Jacqmain
Blvd Anspach
Blvd de Berlaimont
R de Laeken
R de la Vierge Noire
R Neuve
R de Malines
R des Cendres
R de la Blanchisserie
R du Damier
R aux Choux
R St-Michel
Pl des Martyrs
R du Persil
R d'Argent
R des Boiteux
R du Marais
R des Sables
R du Meiboom
R Montagne aux Herbes Potagères
R St Pierre
Pont-Neuf
R du Finistère
ARAU
R de la Fraternité
R du Pélican
R de l'Épargne
R aux Fleurs
R du Cirque
R Van der Elst
R des Hirondelles
Pl de Brouckère
R du Fossé aux Loups
R Léopold
R des Princes
R de la Reine
Pl de la Monnaie
R de l'Écuyer
R des Fripiers
R de l'Évêque
R Grétry
R des Augustins
Q aux Pierres de Tailles
R du Canal
R du Grand-Hospice
Pl du Béguinage
Pl du Samedi
R des Halles
R du Marché aux Poulets
R J Plateau
R Melsens
Pl Ste-Catherine
R Ste-Catherine
R du Rouleau
R du Peuplier
Q au Bois à Brûler
Q aux Briques
Marché aux Poissons
200 m
A
B
C
D
E
1
2
3
4
15
28
34
35
38
39
43

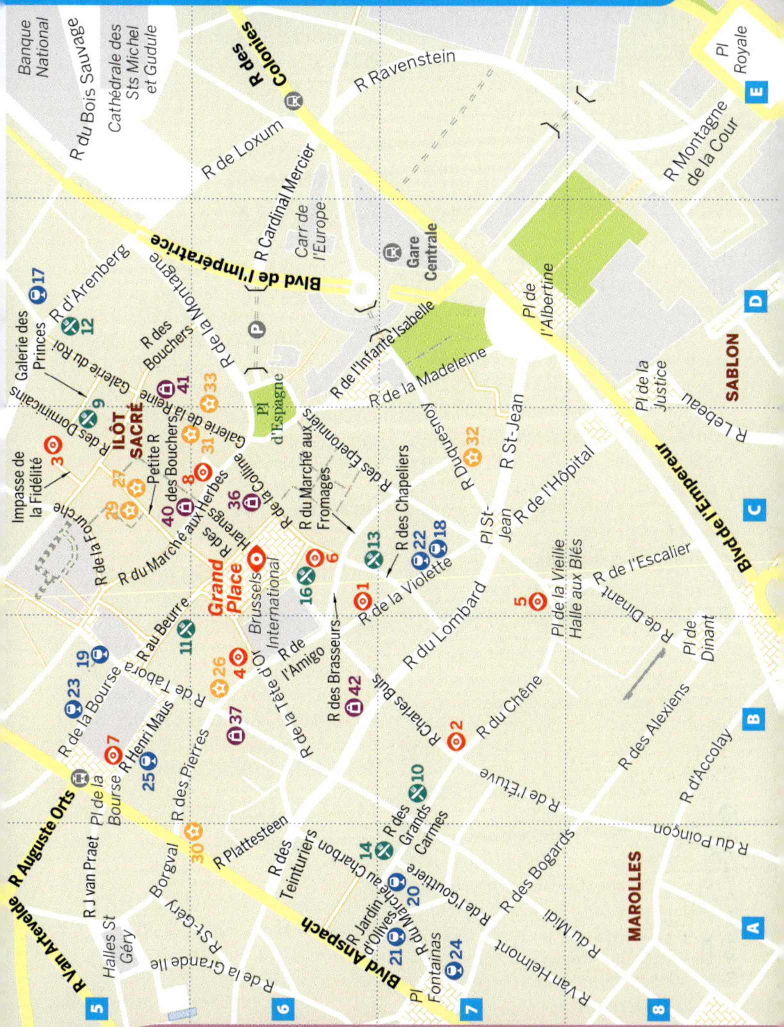
Banque National
R du Bois Sauvage
Cathédrale des Sts Michel et Gudule
R des Colonies
R Ravenstein
R de Loxum
R Cardinal Mercier
Carr de l'Europe
Gare Centrale
Blvd de l'Impératrice
R d'Arenberg
Galerie des Princes
Galerie du Roi
Galerie de la Reine
R des Bouchers
R de la Montagne
Pl d'Espagne
R de l'Infante Isabelle
R de la Madeleine
Pl de l'Albertine
R Montagne de la Cour
Pl Royale
SABLON
Pl de la Justice
R Lebeau
Blvd de l'Empereur
R des Dominicains
ILÔT SACRÉ
Impasse de la Fidélité
Petite R des Bouchers
R de la Colline
R des Eperonniers
R Duquesnoy
R St-Jean
R de l'Hôpital
R de la Fourche
R du Marché aux Herbes
R des Harengs
R du Marché aux Fromages
R des Chapeliers
Pl St-Jean
Grand Place
Brussels International
R de la Violette
R du Lombard
Pl de la Vieille Halle aux Blés
R de l'Escalier
R Dinant
R de Dinant
Pl de Dinant
R au Beurre
R de Tabora
R de l'Amigo
R de la Tête d'Or
R des Brasseurs
R Charles Buls
R du Chêne
R des Alexiens
R d'Accolay
R de la Bourse
R Henri Maus
R des Pierres
R Auguste Orts
Pl de la Bourse
R J van Praet
Borgval
R Plattesteen
R des Teinturiers
R des Grands Carmes
R de l'Etuve
R du Poinçon
R des Bogards
R de l'Gouttière
R du Marché au Charbon
R Jardin d'Olives
Pl Fontainas
R du Midi
R Van Helmont
MAROLLES
Blvd Anspach
R St-Géry
R de la Grande Ile
Halles St Géry
R Van Artevelde
A
B
C
D
E
5
6
7
8

Voir

Musée du Costume et de la Dentelle

MUSÉE

1 Plan p. 72, C6

La dentelle est l'un des arts les plus délicats exercés en Flandre depuis le XVIe siècle. Alors que la *kloskant* (dentelle au fuseau) trouve son origine à Bruges, la *naaldkant* (dentelle à l'aiguille), mise au point en Italie, était surtout fabriquée à Bruxelles. Cet excellent musée présente les usages de la dentelle dans l'habillement au fil des siècles et donne à voir d'autres tissus prestigieux, dont des broderies, dans le cadre d'expositions temporaires joliment agencées. (02-213 44 50 ; www.costumeandlacemuseum.be ; rue de la Violette 12 ; 3 €, gratuit avec la Brusselscard ; 10h-17h, fermé mer ; M Gare Centrale)

> **Bon plan**
>
> **Peintures murales**
>
> Une quarantaine de peintures murales inspirées par la bande dessinée émaillent les artères du vieux centre-ville et de nouvelles s'y ajoutent chaque année. Le site www.brusselscomics.com/en/route_bd.cfm localise la plupart d'entre elles. Flâner à la découverte de ces œuvres joyeuses donne l'occasion d'explorer des quartiers moins connus. Parmi les plus célèbres, citons **Tibet & Duchateau** (rue du Bon Secours), **Tintin** (rue de l'Étuve), **Broussaille** (rue du marché au Charbon), **Peeping Policeman** (rue Haute), **Manneken Pis Displaced** (rue de Flandre), **Néron** (place St-Géry) et **Le Chat** (bd du Midi).

Manneken Pis

STATUE

2 Plan p. 72, B7

Symbole décalé de la Belgique, ce petit bonhomme faisant pipi au-dessus d'une fontaine fut sculpté en 1619 par Jérôme Duquesnoy, mais il ne s'agit pas ici de la statue originale. Le plus souvent, un costume en rapport avec une commémoration, une fête nationale ou un événement local recouvre sa nudité. (Angle rue de l'Étuve et rue du Chêne ; M Gare Centrale)

Jeanneke Pis

STATUE

3 Plan p. 72, C5

Tout près de la rue des Bouchers, cette fillette à couettes accroupie, pendant féminin du Manneken Pis, est l'œuvre du sculpteur Denis-Adrien Debouvrie, qui l'installa ici en 1985. Une grille fermée à clé la cache en partie. Les dons vont à la recherche contre le cancer. (www.jeannekepisofficial.be ; impasse de la Fidélité ; M Gare Centrale)

Musée du Cacao et du Chocolat

MUSÉE

4 Plan p. 72, B6

Vous découvrirez ici l'histoire du cacao et du chocolat en Europe, ainsi que leurs vertus antivieillissement et antidépressives. Entre autres plaisirs, la visite inclut une dégustation de pralines lors d'une démonstration expliquant leur fabrication. Vous pourrez aussi apprendre à préparer vous-même ces friandises grâce à un cours d'une heure – renseignements par téléphone. (02-514 20 48 ; www.mucc.be ; rue de la Tête d'Or 9 ; adulte/tarif réduit/moins de 12 ans 5,50/4,50 €/gratuit ; 10h-16h30 tlj juil et août, fermé lun sep-juin ; M Gare Centrale ou Bourse)

Fondation Jacques Brel MUSÉE

5 Plan p. 72, C7

C'est dans un cabaret belge que Jacques Brel (1929-1978) fit ses débuts en 1952, avant d'être propulsé vers la gloire à Paris. Créé par sa fille France, ce musée et centre d'archives dédié à la mémoire de l'artiste rassemble des heures de films et d'enregistrements sonores, ainsi que des articles et des photos. Les fans peuvent effectuer un parcours commenté par un audioguide. (02-511 10 20 ; www.jacquesbrel.be ; place de la Vieille Halle aux Blés 11 ; adulte/étudiant 5/3,50 €, parcours avec audioguide 8 €, parcours et musée 10 € ; 10h30-18h mar-sam juil et août, à partir de 12h sept-juin ; M Gare Centrale)

Musée de la Brasserie MUSÉE

6 Plan p. 72, C6

Occupant le sous-sol de la maison des Brasseurs et présentant du matériel du XVIIIe siècle, ce musée se veut authentique. Reste que le visiteur est souvent déçu par sa taille réduite et l'absence de démonstration du

JEAN-BERNARD CARILLET/GETTY IMAGES©

Manneken Pis

processus de fabrication, même si une bière est offerte à la fin. Pour voir une vraie brasserie (Cantillon) en activité, direction le musée bruxellois de la Gueuze (p. 119). (02-511 49 87 ; www.beerparadise.be ; Grand-Place 10 ; 5 € ; 10h-17h tlj avr-nov, 12h-17h sam et dim déc-mars ; M Gare Centrale ou Bourse)

Musée Scientastic MUSÉE

7 Plan p. 72, B5

Après deux ou trois heures passées ici, les plus de six ans finissent par trouver les sciences très amusantes. Ce musée interactif leur permet en effet de transformer leur voix en celle d'un canard, de s'envoler virtuellement grâce à des miroirs et de jouer avec leurs cinq sens. Parfait un jour de pluie. (☎02-732 13 36 ; www.scientastic.com ; bd Anspach, dans la station de prémétro Bourse ; adulte/tarif réduit 7,90/5,30 € ; ⌚10h30-17h30 lun, mar, jeu et ven, 14h-17h30 mer, sam et dim ; Bourse)

Galeries royales Saint-Hubert

GALERIES MARCHANDES

8 Plan p. 72, C6

Inaugurée en 1847, la première des galeries marchandes couvertes d'Europe se compose de trois passages reliés sous une immense verrière : la galerie du Roi, la galerie de la Reine et, perpendiculaire, la galerie des Princes, plus petite. S'y côtoient un cinéma, un théâtre, des cafés et d'élégantes boutiques de chocolats, de livres, de musique, de mode et d'accessoires. Victor Hugo fréquenta l'endroit. (www.galeries-saint-hubert.com ; près de la rue du Marché aux Herbes ; M Gare Centrale)

100% bruxellois

Se restaurer

Des auvents drapés de guirlandes électriques, des stands d'huîtres sur les pavés et des serveurs en tablier racolant la clientèle encombrent l'étroite rue des Bouchers, qui croise les galeries Saint-Hubert. Oui, vous êtes ici en pleine zone touristique et, vu la piètre qualité de la restauration, les habitants l'évitent. Une exception à la règle : l'onéreux et classique **Aux Armes de Bruxelles** (plan p. 72, 5C ; ☎02-511 55 98 ; www.auxarmesdebruxelles.com ; rue des Bouchers 13 ; plats 6-20 € ; ⌚12h-23h mar-dim ; M De Brouckère, Bourse).

Se restaurer

Café-restaurant de l'Ogenblik

FRANÇAIS €€€

9 Plan p. 72, C5

Bien qu'à un jet de pierre de la rue des Bouchers, ce bistrot intemporel semble, avec ses rideaux en dentelle, son chat, ses tables à plateau de marbre et son magnifique lustre en fer forgé, à des années-lumière du centre touristique. Il prépare des spécialités françaises traditionnelles depuis plus de 30 ans et démontre un savoir-faire certain. Une dépense qui se justifie pour un bon repas en plein cœur de Bruxelles. (☎02-511 61 51 ; www.ogenblik.be ; galerie des Princes 1 ; plats 26-32 € ; ⌚12h-14h30 et 19h-24h lun-sam ; M De Brouckère)

Le Cercle des Voyageurs

BRASSERIE €

10 Plan p. 72, B7

Invitez Phileas Fogg à prendre un café dans ce ravissant bistrot, décoré de globes et de mappemondes au plafond, qui se double d'une bibliothèque de voyage. S'il est en retard, vous pourrez l'attendre en feuilletant de vieux exemplaires de *National Geographic*, calé dans un fauteuil en cuir de style colonial. La

Comprendre

Belgitude

"Rien ne marche ici, et pourtant ça fonctionne toujours." Voici le genre de déclaration qui résume l'acceptation, voire la fierté, de la population vis-à-vis de l'apparente absurdité du pays, comme par exemple le fait que celui-ci n'ait pas sombré dans le chaos malgré l'absence de gouvernement fédéral pendant plus d'un an. Les Belges sont des gens créatifs et optimistes, qui prennent la vie comme elle vient.

Pour beaucoup, l'identification à la communauté flamande (néerlandophone) ou wallonne (francophone) passe avant l'appartenance nationale. Bruxelles est par ailleurs une ville multiculturelle, qui compte parmi ses habitants de nombreux ressortissants européens ainsi que des Marocains, des Turcs et des Africains, notamment originaires de l'ex-Congo belge.

Morale et religion

La religion imprègne l'identité belge et la vie de tous les jours, y compris la politique et l'éducation. Environ 75% de la population est d'obédience catholique romaine et, malgré la baisse de fréquentation des églises, les traditions perdurent. La présence protestante demeure forte et un nombre non négligeable de musulmans résident dans la capitale.

En matière de liberté des mœurs, la Belgique se classe dans les premiers rangs. Le mariage entre homosexuels y est légal depuis 2003.

Langue et coutumes

La Belgique réserve peu de chausse-trapes aux visiteurs. La principale difficulté réside dans la langue. Bruxelles est officiellement bilingue, mais à dominante francophone, bien qu'elle se situe en Flandre. À Bruges, on parle avant tout néerlandais et l'on vous prendra pour un Wallon si vous vous exprimez en français (essayez l'anglais !).

Lorsqu'ils se rencontrent pour la première fois un homme et une femme, ou deux femmes, s'embrassent sur la joue à trois reprises (commencez par la gauche). Par la suite, ils se contentent d'une bise. Les hommes, eux, se serrent la main.

Les commerçants ne vont pas au devant des clients dans leur boutique : les Belges y verraient une tactique de vente jugée trop offensive.

cuisine de brasserie internationale plutôt réussie se savoure sur une musique live de qualité (piano jazz le mardi et jazz expérimental le jeudi). D'autres concerts, dans la cave, font l'objet d'un petit droit d'entrée. (☎02-514 39 49 ; www.lecercledesvoyageurs.com ; rue des Grands Carmes 18 ; plats 9-12 € ; ⏲8h-23h mer-lun ; 🚋Annessens ou Bourse)

Dandoy

SALON DE THÉ **€**

11 Plan p. 72, B5

Fondée en 1829, la plus fameuse biscuiterie de Bruxelles possède cinq enseignes en ville, dont cette boutique dotée d'un salon de thé. Ses épaisses gaufres recouvertes de garnitures sucrées et ses glaces artisanales ravissent les gourmands. Le chocolat des biscuits nappés est fabriqué par Laurent Gerbaud (p. 96). (☎02-511 03 26 ; www.biscuiteriedandoy.be ; rue au Beurre 31 ; en-cas à partir de 3 € ; ⏲9h30-19h lun-sam, 10h30-19h dim ; Ⓜ Gare Centrale)

Arcadi

BISTROT **€**

12 Plan p. 72, D5

Les gâteaux alléchants, les tartes aux fruits et les conserves en bocaux de ce charmant bistrot ont la faveur de nombreux Bruxellois. De même ses plats à prix raisonnables, comme les lasagnes et les steaks, le tout servi non-stop par une équipe avenante. Cadre agréable pour prendre un chocolat chaud crémeux tout près des Galeries Saint-Hubert. (☎02-511 33 43 ; rue d'Arenberg 1b ; en-cas à partir de 5 € ; ⏲7h-23h ; Ⓜ Gare Centrale)

Brasserie de la Roue d'Or

BELGE **€€**

13 Plan p. 72, C6

Avec ses peintures murales et son plafond orné de nuages, ce bistrot classique au cadre cosy et rétro rend hommage aux surréalistes bruxellois. Il propose des spécialités belges excellentes, quoiqu'un peu onéreuses, telles que cochon de lait, moules et steak. Goûtez au dessert les crêpes flambées ou les copieuses profiteroles. Réservation presque toujours indispensable. (☎02-514 25 54 ; rue des Chapeliers 26 ; plats 15-28 € ; ⏲12h-00h30, fermé juil ; Ⓜ Gare Centrale)

Kokob

ÉTHIOPIEN **€€**

14 Plan p. 72, A7

Un bar/restaurant/centre culturel éthiopien à l'éclairage chaleureux,

100% bruxellois

Où manger des gaufres

Les Bruxellois se fournissent en "vraies" gaufres au **Mokafé** (plan p. 72, 5D ; ☎02-511 78 70 ; galerie du Roi ; gaufres à partir de 3 € ; ⏲7h30-23h30 ; Ⓜ De Brouckère), un café à l'ancienne sous la verrière des galeries Saint-Hubert. Si la salle a l'air un brin fatigué, les fauteuils en osier à l'extérieur permettent d'observer le va-et-vient des passants. Notez qu'une gaufre traditionnelle compte 20 carrés et qu'on la saupoudre de sucre glace et non de chantilly.

Maison du Cygne, Grand-Place

au bout de la rue des Carmes, où l'on déguste des plats à partager, déposés dans une sorte de grande crêpe appelée *injera*. Mieux vaut venir à plusieurs. Cérémonies du café le mercredi soir et le dimanche (12h-15h). (02-511 19 50 ; www.kokob.be ; rue des Grands Carmes 10 ; menus à partir de 20 € ; 18h30-24h lun-mer et 12h-1h jeu-dim ; Annessens ou Bourse)

Sea Grill

FRUITS DE MER **€€€**

15 Plan p. 72, D4

Bien qu'hébergé dans l'atrium impersonnel du Radisson, où la musique d'ambiance enregistrée se mêle au bruit des jeux d'eau, le restaurant étoilé au Michelin du chef Yves Mattagne est exceptionnel. Commandez le homard breton, décortiqué à l'aide d'une antique presse en argent massif (il n'en existe que quatre dans le monde) et préparé à votre table. (02-212 08 00 ; www.seagrill.be ; Radisson SAS Royal Hotel Brussels, rue du Fossé aux Loups 47 ; 12h-14h et 19h-22h, fermé mi-juil–mi-août ; M De Brouckère)

La Maison du Cygne

BELGE **€€€**

16 Plan p. 72, C6

Dans cet élégant restaurant à l'étage, demandez une table donnant sur la Grand-Place pour vous régaler de classiques belges hors de prix mais cuisinés avec art. Le service est empressé et la carte des vins, extraordinaire. Les budgets serrés en quête de grandeur préféreront le bar L'Ommegang (12h-14h lun-ven), en bas, où le plat du jour ne coûte que 15 €. (02-511 82 44 ; www.lamaisonducygne.be ; rue Charles Buls 2 ; plats 37-65 €, menu 65 € ; déjeuner lun-ven, dîner dim-ven ; M Gare Centrale)

Prendre un verre

À la Mort Subite

PUB, BRASSERIE

17 Plan p. 72, D5

Hauts piliers carrés, patères en laiton, immenses miroirs, bois vernis et banquettes en cuir composent un cadre de choix pour goûter la gueuze Mort Subite. Si cette bière doublement fermentée vous semble trop aigre, commandez une kriek (à la cerise) ou une framboise, à agrémenter d'en-cas traditionnels à moins de 10 €. (02-513 13 18 ; www.alamortsubite.com ; rue Montagne aux Herbes Potagères 7 ; 11h-1h lun-sam, 12h-24h dim ; M Gare Centrale)

Le Fonograf

BAR

18 Plan p. 72, C7

Ce nouveau café artistique/cantine à l'ambiance animée et au mobilier de récupération esthétiquement agencé accueille des expositions mensuelles d'art contemporain et de photo. Les concerts du week-end – jazz, funk, musique balkanique et rythmes latinos – peuvent donner lieu à des soirées délirantes. Cuisine de bar raffinée et cocktails en prime. (02-511 22 26 ; www.lefonograf.be ; rue de la Violette 32 ; 12h-1h dim-jeu, 12h-2h ven et sam ; M Gare Centrale)

À la Bécasse

PUB

19 Plan p. 72, B5

Caché au bout d'un passage étroit, ce pub tout en longueur où s'alignent des rangées de tables évoque un peu les tavernes de Bruegel, même s'il n'existe que depuis 1877. Il a pour spécialité originale les panachés associant lambic Timmermans et bière au fruit, un mélange qui n'est pas au goût de tout le monde. (www.alabecasse.com ; rue de Tabora 11 ; 11h-24h, jusqu'à 1h ven et sam ; M Gare Centrale)

Au Soleil

BAR

20 Plan p. 72, A7

Une ancienne boutique de vêtements transformée en bar au chic dépenaillé, avec sol carrelé, banquettes en bois et miroirs. Au programme : musique attrayante et boissons étonnamment bon marché pour ce repaire de branchés à lunettes de soleil. La petite cuisine prépare des en-cas et quelques plats de résistance. (02-513 34 30 ; rue du Marché au Charbon 86 ; 10h30-tard ; Bourse)

Fontainas Bar

BAR

21 Plan p. 72, A7

Un bar bruyant très tendance – sièges en vinyle noir déchiré, tables et luminaires sixties, carreaux fendillés –, où l'on passe en journée pour lire son journal et, dès la nuit tombée, faire la fête. Il s'inscrit dans la petite enclave gay friendly de la ville. (02-503 31 12 ; rue du Marché au Charbon 91 ; 10h-tard lun-ven, 11h-tard sam et dim ; Bourse)

Goupil le Fol

BAR

22 Plan p. 72, C7

On est frappé en entrant par les vieux canapés élimés et les murs couverts de tableaux qui composent le décor surchargé de ce bar aux multiples recoins, connu pour ses vins aromatisés aux fruits (pas de bière !). Bref, une institution bruxelloise incontournable, qui se distingue aussi par ses horaires tardifs. (02-511 13 96 ; rue de la Violette 22 ; 21h-5h ; M Gare Centrale)

Le Cirio

BAR

23 Plan p. 72, B5

Ce somptueux grand café de 1886 aux cuivres étincelants et aux serveuses en tablier a su rester abordable et des dames apprêtées avec leur petit chien se mêlent toujours à la clientèle touristique. La maison a pour spécialité le *half-en-half* (3,20 €), moitié vin, moitié mousseux. (Rue de la Bourse 18 ; 10h-24h)

Moeder Lambic Fontainas

PUB

24 Plan p. 72, A7

Au dernier recensement, 46 bières artisanales figuraient sur la carte de ce pub en brique apparente d'allure contemporaine, avec dossiers de banquette en béton et photos aux murs. Quiches et assiettes de fromages/charcuterie calment les petites faims. Atmosphère enjouée et musique forte. (02-503 60 68 ; www.moederlambic.eu ; place Fontainas 8 ; 11h-1h lun-jeu et dim, 11h-2h ven et sam ; Annessens ou Bourse)

À savoir

Du café ou son ersatz ?

Si la Belgique excelle dans l'art de la bière, on ne peut pas dire qu'elle brille par son café. La mousse du cappuccino est souvent remplacée par de la crème fouettée artificielle, et le café au lait, surnommé *koffie verkeerd* ("faux café") ou "lait russe", tient généralement davantage du lait au café. Si vous demandez simplement un "café", on vous apportera une tasse de café noir (appelé espresso quelle que soit la machine utilisée), accompagnée d'un pot de lait et d'un petit chocolat ou d'un spéculoos.

Falstaff

BAR

25 Plan p. 72, B5

L'intérieur de ce grand café offre un festival de vitraux et de boiseries sculptées conçu par l'architecte Art nouveau Émile Houbion, émule de Victor Horta. Il s'agit certes d'un endroit touristique aux prix excessifs, mais cela vaut le coup d'y prendre au moins un verre pour admirer la déco. Si vous décidez de manger sur place, la carte comporte un large éventail de plats. (Rue Henri Maus 17 ; 10h-1h ; Bourse)

Sortir

Music Village

JAZZ

26 Plan p. 72, B6

Cette salle raffinée de 100 places occupe deux maisons du XVIIe siècle. On y sert à dîner à partir de 19h (facultatif) et les concerts débutent à 20h30, ou 21h le week-end. La programmation éclectique va de Cuba à la Pologne en passant par le jazz chilien, les cuivres de la Nouvelle-Orléans ou la musique expérimentale. Le public s'assoit à table ; réservation conseillée. (02-513 1345 ; www.themusicvillage.com ; rue des Pierres 50 ; entrée 7,50-20 € ; à partir de 19h30 mar-sam ; Bourse)

Théâtre Royal de Toone
THÉÂTRE DE MARIONNETTES

27 Plan p. 72, C5

Depuis huit générations, la famille Toone met en scène des spectacles traditionnels de marionnettes en dialecte bruxellois dans ce ravissant théâtre, incontournable pour les visiteurs de la capitale. Si les représentations visent un public adulte, les enfants adorent eux aussi. Le bar en bois pittoresque et cosy propose bières et en-cas simples de midi à minuit. (☎02-511 71 37 ; www.toone.be ; Petite Rue des Bouchers 21 ; adulte/enfant 10/7 € ; ⏲20h30 jeu et 16h sam, voir site Internet ; M Gare Centrale)

Art Base
MUSIQUE LIVE

28 Plan p. 72, E3

En face du musée de la BD, cette petite salle de concerts sans prétention mais pleine d'attrait affiche une programmation très variée (tango, musique grecque, flamenco, rythmes latinos...), généralement du jeudi au dimanche. Les amateurs de musique traditionnelle indienne ne manqueront pas la soirée du dimanche. L'endroit ouvre aussi sporadiquement dans la journée comme galerie d'art. (☎02-217 29 20 ; www.art-base.be ; rue des Sables 29 ; M Rogier)

Actor's Studio
CINÉMA

29 Plan p. 72, C5

Un peu difficiles à repérer, ces trois salles intimistes cachées tout près de la Petite Rue des Bouchers montrent des films d'art et essai ainsi que des reprises grand public. C'est un véritable trésor du cinéma indépendant, qui pratique des tarifs plus bas qu'ailleurs et possède un bar minuscule. (☎02-512 16 96 ; Petite Rue des Bouchers 16 ; 🚊Bourse)

AB
MUSIQUE LIVE

30 Plan p. 72, A6

Les deux salles de l'AB accueillent des groupes de rock et des artistes étrangers plus ou moins connus, de même que de nombreux talents belges. La billetterie se situe rue des Pierres. Bon bar/restaurant ouvert à partir de 18h (réservation indispensable). (Ancienne Belgique ; ☎02-548 24 00 ; www.abconcerts.be ; Bd Anspach 110 ; 🚊Bourse)

Cinéma Galeries
CINÉMA

31 Plan p. 72, C5

Dans la gracieuse galerie Saint-Hubert coiffée d'une verrière, ce beau cinéma Arts déco, à mille lieues des multiplex, met l'accent sur les films étrangers et les œuvres art et d'essai. (☎02-514 74 98 ; www.arenberg.be ; galerie de la Reine 26, galeries Saint-Hubert ; M Gare Centrale)

Le You
CLUB

32 Plan p. 72, C7

Sans grande originalité, mais avec un emplacement de rêve tout près de la Grand-Place, cette vaste discothèque présente un labyrinthe de pistes de danse et de salles de détente. Thé dansant gay le dimanche (www.leyougayteadance.be). (☎02-639 14 00 ; www.leyou.be ; rue Duquesnoy 18 ; jeu-sam 10 €, dim 6 € ; ⏰23h-5h jeu, 11h30-6h ven et sam, 20h-2h dim ; Ⓜ Gare Centrale)

Théâtre du Vaudeville

THÉÂTRE

33 ☆ Plan p. 72, D6

Spectacles de cabaret, concerts et pièces ont lieu dans ce vieux théâtre à l'intérieur des galeries Saint-Hubert. Programme disponible dans le foyer. (☎02-512 57 45 ; Galerie de la Reine 13-15, galeries Saint-Hubert ; Ⓜ Gare Centrale)

Théâtre Royal de la Monnaie/Koninklijke Muntschouwburg

OPÉRA, DANSE

34 ☆ Plan p. 72, C4

Un opéra joué dans ce lieu magnifique inspira la révolution de 1830 (voir p. 97), qui devait conduire à l'indépendance de la Belgique. À voir : danse contemporaine et opéras classiques ou récents. (☎02-229 13 72 ; place de la Monnaie ; Ⓜ De Brouckère)

Théâtre National

THÉÂTRE

35 ☆ Plan p. 72, C1

En raison de son bilinguisme, la capitale belge compte deux théâtres nationaux. Avec sa façade en verre, celui-ci est le pendant francophone du Koninklijke Vlaamse Schouwburg. (☎02-203 41 55 ; www.theatrenational.be ; bd Émile Jacqmain 111-115 ; Ⓜ Gare Centrale)

100% bruxellois

Jazz à Bruxelles

Le jazz revêt une importance particulière en Belgique, terre natale d'Adolphe Sax, l'inventeur du saxophone, du guitariste manouche Django Reinhardt et de Toots Thielemans, virtuose de l'harmonica, qui se produit encore à 90 ans. Outre le Music Village (p. 81), **Jazz Station** (☎02-733 13 78 ; http://jazzstation.be ; chaussée de Louvain 193a ; ⏰expositions 11h-19h mer-sam, concerts 18h sam et 20h30 certains soirs de semaine), rue Antoine Dansaert, **L'Archiduc** (carte p. 72, A4 ; ☎02-512 06 52 ; www.archiduc.net ; rue Antoine Dansaert 6 ; bière/vin/cocktail 2,70/3,60/8 € ; ⏰16h-tard) et **Sounds** (☎02-512 92 50 ; www.soundsjazzclub.be ; rue de la Tulipe 28 ; ⏰20h-4h lun-sam), à Ixelles, figurent parmi les clubs réputés de longue date. Le **Brussels Jazz Marathon** (www.brusselsjazzmarathon.be) se déroule en mai en différents lieux de la ville, le **Skoda Jazz Festival** (www.skodajazz.be) en octobre et novembre dans tout le pays.

Shopping

Boutique Tintin

BD

36 Plan p. 72, C6

Le reporter d'Hergé est la vedette de cette petite boutique à proximité de la Grand-Place, qui vend des albums à gogo et de jolies figurines. Pour en savoir plus sur Tintin et d'autres classiques du genre, direction le Centre Belge de la Bande Dessinée (p. 70). (02-514 51 52 ; rue de la Colline 13 ; 10h-18h lun-sam, 11h-17h dim ; M Gare Centrale)

Catherine

FROMAGES

37 Plan p. 72, B6

Une épicerie fine accueillante au cœur de la ville, spécialisée dans les fromages artisanaux, dont certains bio, ainsi que la charcuterie et les condiments. Parfait pour un pique-nique ou un repas simple si vous n'allez pas au restaurant. (02-512 75 64 ; rue du Midi 23 ; 9h-18h Mon-Sat ; Bourse)

Passage du Nord

GALERIE MARCHANDE

38 Plan p. 72, C3

Les boutiques de qualité regroupées sous la verrière de ce passage couvert en font l'endroit idéal pour s'abriter de la pluie. Vous y trouverez, entre autres, un charmant bar à huîtres, une pharmacie et une enseigne du fameux chocolatier Neuhaus. (Près de la rue Neuve ; M De Brouckère)

Sterling Books

LIVRES

39 Plan p. 72, D4

Cette librairie anglophone offre une formidable sélection de guides de voyage au rez-de-chaussée, plus des livres d'histoire et des ouvrages d'art, qu'on peut feuilleter à sa guise assis dans des canapés confortables. Aire de jeux pour les enfants. (02-223 62 23 ; www.sterlingbooks.be ; rue du Fossé aux Loups 38 ; 10h-19h lun-sam, 12h-18h30 dim ; M De Brouckère)

De Biertempel

BIÈRE

40 Plan p. 72, C5

Ce "temple de la bière" vend plus de 700 variétés, les verres assortis et autres articles en relation. Pour des marques plus ordinaires et des achats en nombre, rendez-vous, comme les Belges, au supermarché. (02-502 19 06 ; www.biertempel.be ; rue du Marché aux Herbes 56b ; 9h30-19h ; Bourse)

Delvaux

ACCESSOIRES

41 Plan p. 72, D5

Des sacs sublimes aux couleurs vives à admirer dans cette maroquinerie de luxe fondée en 1829, la plus ancienne du genre à travers le monde. La qualité a cependant un prix, autour de 950 €. (02-512 71 98 ; www.delvaux.be ; galerie de la Reine 31 ; 10h-18h30 lun-sam ; M Gare Centrale)

Neuhaus

CHOCOLAT

La première boutique créée en 1857 par l'inventeur de la praline belge

Chocolatier Neuhaus

dans une superbe galerie à arcades (voir 41 🛍 plan p. 72, D5) n'a guère changé depuis. C'est une fête pour les yeux et les papilles, avec des vitraux et des étalages somptueux. (☎02-512 63 59 ; www.neuhaus.be ; galerie de la Reine 25 ; 52 €/kg ; ⏰10h-20h lun-sam, 10h-19h dim ; Ⓜ Gare Centrale)

Planète Chocolat

CHOCOLAT

42 🛍 Plan p. 72, B6

Des démonstrations de fabrication de pralines ont lieu les samedi et dimanche à 16h (7 €) chez ce chocolatier novateur, connu pour ses "bouquets" et autres créations originales. (☎02-511 07 55 ; www.planetechocolat.be ; rue du Lombard 24 ; 50 €/kg ; ⏰11h-18h lun et dim, 10h30-18h30 mar-sam ; 🚌Bourse)

City 2

CENTRE COMMERCIAL

43 🛍 Plan p. 72, E1

Pratique et moderne quoique banal, ce centre commercial regroupe les enseignes habituelles et un supermarché Carrefour où l'on peut se procurer de la bière et des produits d'alimentation à bas prix. Le sous-sol abrite une poste et un hall de restauration au-dessus de la moyenne – goûtez en particulier les *samosa*, les curries et les *naan* indiens réussis de **Ganesh**. (Rue Neuve 123 ; Ⓜ Rogier)

Explorer

Musées du quartier royal

Le majestueux quartier royal englobe le palais Royal, le palais de justice et le Mont des Arts, qui regroupe les plus beaux musées de la ville. Antiquaires, salons de thé et chocolateries fréquentées par la bonne société locale bordent la place du Grand Sablon et ses alentours, tandis que de gracieuses églises et l'élégant parc de Bruxelles ajoutent au charme du quartier.

L'essentiel en un jour

Allez d'abord admirer les œuvres des primitifs flamands et les Brueghel des **musées royaux des Beaux-Arts** (p. 88), ainsi que le **musée Magritte** (p. 89) attenant. Déjeunez ensuite dans l'un des cafés de la place du Grand Sablon ou achetez à l'épicerie fine **Claire Fontaine** (p. 100) de quoi pique-niquer sur la place du Petit Sablon.

Profitez-en pour jeter un œil à l'intérieur de l'**église Notre-Dame du Sablon** (p. 94), puis mettez le cap sur le **musée des Instruments de musique** (p. 90), dans l'édifice Old England de style Art nouveau. Vous pourrez faire une pause au café panoramique sur le toit ou rejoindre plus bas **Laurent Gerbaud's** (p. 96) pour déguster ses divins chocolats avec une tasse de thé. Après quoi, direction le **musée BELvue** (p. 95), dans un ancien palais royal, qui retrace l'histoire de la Belgique.

Optez pour la cuisine de brasserie du charmant **Perroquet** (p. 99) ou pour un repas plus haut de gamme en réservant à l'avance aux **Brigittines** (p. 96). Une fois restauré, concluez la soirée par un concert classique au **BOZAR** (p. 100) ou un film muet accompagné au piano à la **Cinematek** (p. 100).

Les incontournables

Musées royaux des Beaux-Arts (p. 88)

Musée des Instruments de musique (p. 90)

Le meilleur du quartier

Chocolat

Mary (p. 101)

Pierre Marcolini (p. 101)

Laurent Gerbaud (p. 96)

Musées

Musée des Instruments de musique (p. 90)

Musée Magritte (p. 89)

Musée BELvue (p. 95)

Églises

Église Notre-Dame du Sablon (p. 94)

Cathédrale des Saints-Michel-et-Gudule (p. 94)

Église Notre-Dame de la Chapelle (p. 94)

Comment y aller

Ⓜ Les stations de **métro** Louise et Porte de Namur sont les plus pratiques pour gagner la place du Sablon ; pour le Mont des Arts, descendez à la station Gare Centrale.

Les lignes de **prémétro** 92, 93 et 94 traversent le quartier.

Les incontournables
Musées royaux des Beaux-Arts

Les prestigieux musées royaux comprennent le **musée d'Art ancien** et le **musée d'Art moderne**. Le premier recèle une collection de primitifs flamands, des Bruegel (en particulier Bruegel l'Ancien) et des Rubens, le second, en sous-sol, des œuvres du surréaliste Paul Delvaux et du fauviste Rik Wouters. Le complexe accueille également le **musée René Magritte**, consacré au plus célèbre des surréalistes belges.

Plan p. 92, C5

☎ 02-508 32 11

www.fine-arts-museum.be

Rue de la Régence 3

adulte/étudiant 8/5 € ; 13 € combiné avec le musée Magritte

🕙 10h-17h mar-dim

Ⓜ Gare Centrale ou Parc

Musées royaux des Beaux-Arts

À ne pas manquer

Les primitifs flamands

Les œuvres de ces peintres du XVe siècle sont ici magnifiquement représentées. La *Pietà* de Rogier Van der Weyden au ciel hallucinatoire, la spectaculaire *Justice d'Othon* de Dirk Bouts, les portraits raffinés d'Hans Memling et la *Virgo inter Virgines* aux riches matières du *Maître de la Légende de sainte Lucie* retiennent l'attention.

Les Bruegel

Si Pieter Bruegel l'Ancien (1552-1569) fut le plus illustre de cette lignée d'artistes, la nature tendre et cocasse de ses scènes rustiques fourmillantes de détails trouve un écho dans les œuvres de ses fils. Ces traits apparaissent notamment dans la *Chute d'Icare*, où un laboureur vaquant à ses occupations occupe le premier plan tandis que seules les jambes du personnage mythologique dépassent des flots.

Rubens et son temps

Le peintre baroque flamand Pierre Paul Rubens (1577-1640) réalisa surtout de grands tableaux religieux, dont le musée présente plusieurs exemples monumentaux. Des œuvres moins connues, comme ses *Études pour une tête de nègre*, révèlent toutefois un sens aigu du portrait psychologique. Dans le même département figurent des peintures d'Antoine van Dyck, le charmant portrait de famille de Cornelius de Vos, ainsi que les toiles de Rembrandt et de Frans Hals.

Musée Magritte

Ce **musée** (www.musee-magritte-museum.be ; place Royale; adulte/moins de 26 ans/BrusselsCard 8/2 €/gratuit ; ⌚10h-17h mar-dim) offre une plongée chronologique dans l'œuvre du peintre surréaliste René Magritte (1898-1967) à travers tableaux, films et photos.

À savoir

- Ces musées et d'autres sont gratuits à partir de 13h le premier mercredi du mois. Tous ferment le lundi.
- De préférence, visitez le musée Magritte à part car il faut au moins 2 heures pour en faire le tour – il est possible d'acheter un billet combiné et de revenir le lendemain.
- Les expositions temporaires des musées royaux donnent lieu à un droit d'entrée supplémentaire.
- N'oubliez pas le petit jardin de sculptures, à gauche lorsqu'on regarde le bâtiment.

Une petite faim ?

Cher mais agréable, le café du musée (mêmes horaires) sert sandwichs, salades et pâtisseries sur une terrasse agrémentée de statues surplombant les toits.

Les incontournables
Musée des Instruments de musique

Riche de plus de 2 000 instruments du monde entier, ce musée innovant insiste sur l'expérience auditive. On découvre grâce à des écouteurs des sons aussi divers que ceux de la cornemuse, du clavecin ou du carillon chinois, qui célèbrent la musique dans toute sa variété. Le splendide cadre Art nouveau des anciens grands magasins Old England contribue aussi à l'attrait de la visite.

Plan p. 92, C4

☎ 02-545 01 30

www.mim.fgov.be

Rue Montagne de la Cour 2

adulte/tarif réduit 5/4 €

🕘 9h30-17h mar-ven, 10h-17h sam et dim

Ⓜ Gare Centrale ou Parc

Musée des Instruments de musique

À ne pas manquer

Laboratoire sonore

Les pièces exposées dans cette salle à l'éclairage tamisé portent des numéros correspondant à une bande sonore qui s'écoute à l'aide d'un casque. On peut ainsi entendre une cloche d'église du XVIe siècle sonner minuit, une serinette du XIXe siècle et un orgue Hammond jouant du blues. Parmi les instruments curieux, citons un orgue de barbarie dont les automates miment d'effrayantes scènes d'arrachage de dents.

Instruments traditionnels

Des instruments du monde entier, dont certains surprenants, sont offerts à la vue et à l'ouïe des visiteurs qui découvrent grâce aux écouteurs les envolées complexes du sitar indien, la plainte étrange de la trompe tibétaine ou le rythme hypnotique des percussions congolaises. Le masque d'ours de Mardi Gras originaire du Limbourg, présenté avec des instruments grossièrement taillés et des chants primitifs, frappe l'imagination.

Musique occidentale

Dans cette précieuse collection de vents, de cordes et de claviers, les premiers pianos peints de délicats motifs floraux et de scènes pastorales se distinguent par leur esthétique. Remarquez aussi les énormes bassons à tête de serpent. Là encore, ouvrez vos oreilles.

Bâtiment

Les anciens grands magasins Old England conçus en 1899 par Paul Saintenoy sont aussi fascinants que le musée qu'ils abritent. De style Art nouveau, l'édifice comprend un café panoramique et une terrasse sur le toit.

À savoir

- La boutique du musée (fermée 12h30-13h30) vend un large choix de CD.
- Si vous souhaitez seulement voir le bâtiment, prenez l'ascenseur jusqu'au dernier étage et descendez par les escaliers.
- Des concerts sont régulièrement programmés dans l'auditorium ; voir la rubrique *Activités* du site Internet.

Une petite faim ?

Au dernier étage, la **cafétéria du Mim** (☎02-502 95 08 ; www.restomim.com ; rue Montagne de la Cour 2 ; repas 12-16 € ; ⏲10h-16h30, fermé lun) dévoile une vue spectaculaire au-delà de ses fioritures en fer forgé.

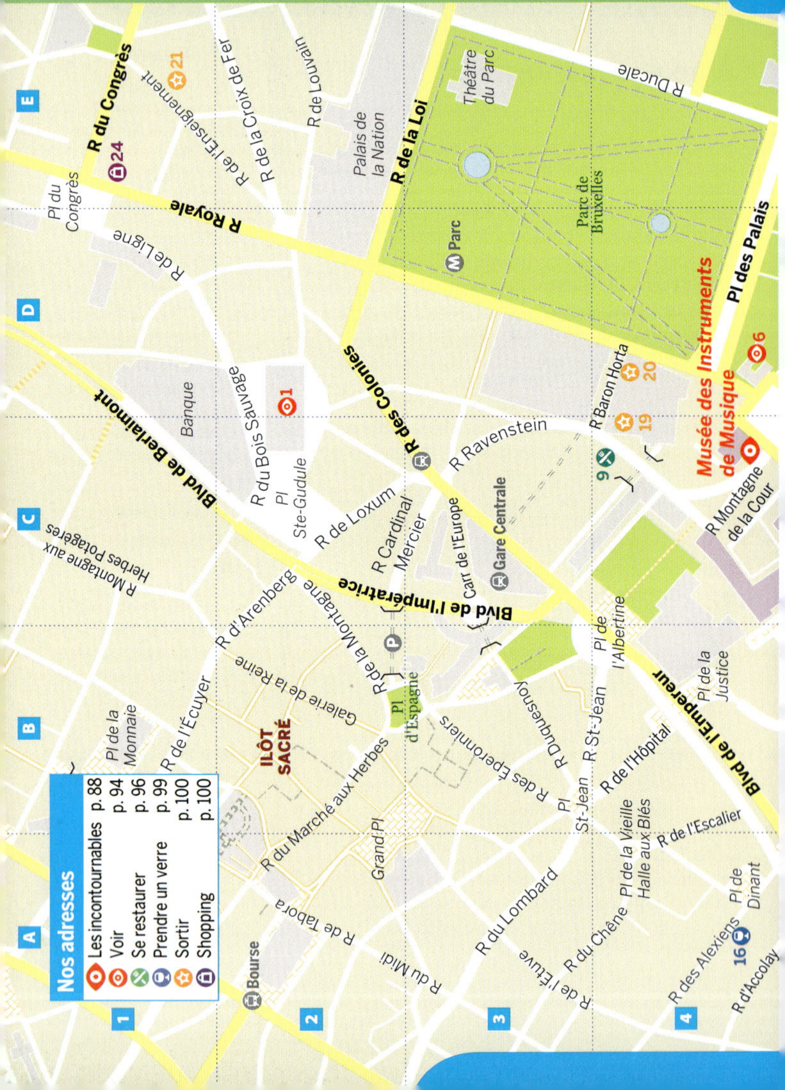
Nos adresses
Les incontournables p. 88
Voir p. 94
Se restaurer p. 96
Prendre un verre p. 99
Sortir p. 100
Shopping p. 100
Musée des Instruments de Musique
R du Congrès
R de l'Enseignement
R de la Croix de Fer
R de Louvain
Palais de la Nation
R de la Loi
Théâtre du Parc
R Ducale
Parc de Bruxelles
Parc
Pl des Palais
Pl du Congrès
R Royale
R de Ligne
Banque
R du Bois Sauvage
Pl Ste-Gudule
R des Colonies
Blvd de Berlaimont
R Ravenstein
R Baron Horta
Gare Centrale
Carr de l'Europe
R Cardinal Mercier
R de Loxum
R Montagne de la Cour
R Montagne aux Herbes Potagères
Blvd de l'Impératrice
R d'Arenberg
R de la Montagne
Galerie de la Reine
Pl d'Espagne
ILÔT SACRÉ
R de l'Écuyer
Pl de la Monnaie
R du Marché aux Herbes
Grand Pl
R des Éperonniers
R Duquesnoy
Pl de l'Albertine
Pl de la Justice
Blvd de l'Empereur
R St-Jean
Pl St-Jean
R de l'Hôpital
Pl de la Vieille Halle aux Blés
R de l'Escalier
R du Lombard
R du Chêne
R de l'Étuve
R des Alexiens
Pl de Dinant
R d'Accolay
R du Midi
R de Tabora
Bourse

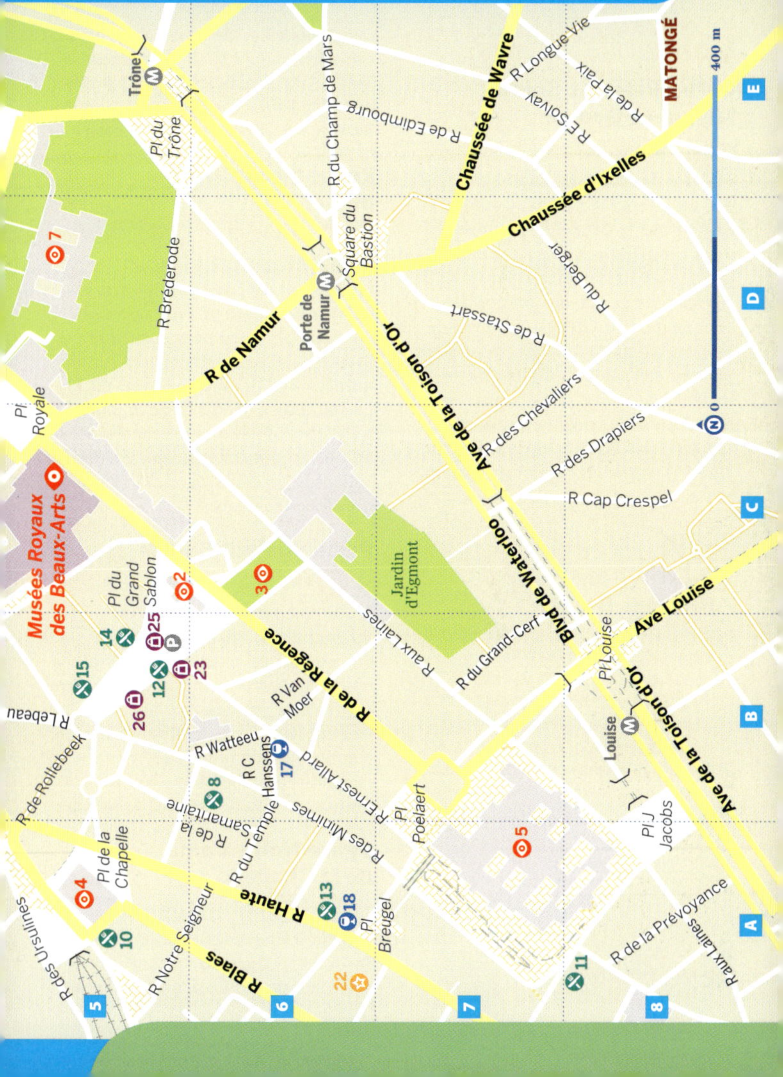

Musées Royaux des Beaux-Arts
Pl Royale
R de Namur
Porte de Namur
Square du Bastion
R Bréderode
Trône
Pl du Trône
R du Champ de Mars
R de Edimbourg
Chaussée de Wavre
R Longue Vie
R E Solvay
R de la Paix
MATONGÉ
Chaussée d'Ixelles
R du Berger
R de Stassart
Ave de la Toison d'Or
R des Chevaliers
R des Drapiers
R Cap Crespel
Blvd de Waterloo
Ave Louise
Pl Louise
Louise
Ave de la Toison d'Or
Pl J Jacobs
R de la Prévoyance
R aux Laines
Jardin d'Egmont
R du Grand-Cerf
R aux Laines
R de la Régence
R Van Moer
Pl du Grand Sablon
R Lebeau
R de Rollebeek
R Watteeu
R C Hanssens
R Ernest Allard
Pl Poelaert
R des Minimes
R du Temple
R de la Samaritaine
Pl de la Chapelle
R Haute
R Notre Seigneur
R des Ursulines
R Blaes
Pl Breugel
1
2
3
4
5
7
8
10
11
12
13
14
15
17
18
22
23
25
26
P
A
B
C
D
E
5
6
7
8
0
400 m

Voir

Cathédrale des Saints-Michel-et-Gudule

ÉGLISE

1 Plan p. 92, D2

Théâtre des couronnements et des noces royales, la majestueuse cathédrale de Bruxelles flanquée de deux tours jumelles vit sa construction débuter en 1226 pour s'achever trois siècles plus tard, d'où son architecture composite. Des vitraux inondent de lumière sa haute nef, dont les piliers portent des saints brandissant des instruments dorés. Une chaire en bois d'un style baroque exubérant, sculptée par l'artiste anversois Hendrik Verbruggen, montre Adam et Ève chassés du Paradis. (www.cathedralestmichel.be ; place Sainte-Gudule ; entrée libre, trésor 2,50 € ; cathédrale 7h-18h lun-ven, 8h30-18h sam, 14h-18h dim ; trésor 10h-12h30 et 14h-17h lun-ven, jusqu'à 15h sam, 14h-17h dim ; M Gare Centrale)

> Bon plan
>
> **Brussels Greeters**
>
> Une bonne façon d'appréhender un quartier ou un domaine spécifique comme la gueuze ou la politique belge consiste à contacter Brussels Greeters (www.brussels.greeters.be) deux semaines avant son séjour. Il suffit de remplir un simple formulaire en ligne pour être mis en rapport avec un habitant de Bruxelles qui vous conduira sur les sites pertinents. Le parcours de visite dure de 2 à 4 heures, avec généralement une pause café ou déjeuner. La prestation est gratuite et les pourboires interdits.

Église Notre-Dame du Sablon

ÉGLISE

2 Plan p. 92, C5

Cette église de style gothique flamboyant fut bâtie en 1304 par une guilde d'arbalétriers, puis agrandie un siècle plus tard pour accueillir les pèlerins venus vénérer sa Vierge miraculeuse, dérobée à Anvers en 1348. La statuette a depuis disparu, mais un relief au plafond du jubé représente la barque qui l'aurait transportée. (Rue de la Régence ; 9h-18h lun-ven, 10h-18h sam et dim ; M Porte de Namur)

Place du Petit Sablon

PARC

3 Plan p. 92, C6

À 200 m en amont de la place du Grand Sablon, ce petit jardin enchanteur est entouré de 48 statues réalistes représentant les corporations médiévales. Au-dessus d'une fontaine trônent les effigies théâtrales des comtes d'Egmont et de Hornes, décapités en 1568 pour avoir défié le pouvoir espagnol. (M Porte de Namur)

Église Notre-Dame de la Chapelle

ÉGLISE

4 Plan p. 92, A5

L'église gothique actuelle, doyenne de Bruxelles, intègre dans sa partie centrale le clocher de l'édifice d'origine datant

Place du Petit Sablon

de 1134. Sa chaire de Vérité (1721) en bois, sculptée par Pierre-Denis Plumier, illustre l'épisode biblique de l'ange nourrissant le prophète Élie au désert. Pieter Bruegel l'Ancien, qui vécut dans le quartier voisin des Marolles, repose dans une chapelle du bas-côté droit. (Place de la Chapelle; entrée libre, brochure 3 € ; 9h-19h juin-sep, 9h-18h oct-mai)

Palais de Justice MONUMENT HISTORIQUE

5 Plan p. 92, A7

Cet immense palais de justice inspiré des temples égyptiens était, au moment de sa construction (1866-1883), le plus grand édifice au monde et dominait du haut de sa colline le quartier ouvrier des Marolles tel un symbole de la loi et de l'ordre. Quand l'architecte Joseph Poelaert mourut fou pendant le chantier, on raconta que les habitants expulsés lui avaient jeté un sort. (02-508 64 10 ; place Poelaert ; entrée libre ; 8h-17h lun-ven ; M Louise)

Musée BELvue MUSÉE

6 Plan p. 92, D4

Sous les stucs de cette ancienne résidence royale, une visite audioguidée retrace l'histoire de la Belgique de l'indépendance à nos jours au moyen d'expositions et d'archives filmées. Parmi les curiosités figure la veste que portait Albert Ier le jour de sa mort dans un accident d'escalade en 1934. En été, le restaurant du musée s'agrémente d'une terrasse dans les charmants jardins. (07-022 04 92 ;

www.belvue.be ; place des Palais 7 ; adulte/tarif réduit 5/4 € ; 🕓10h-17h mar-ven, jusqu'à 18h sam et dim ; MParc)

Palais Royal

PALAIS

7 Plan p. 92, D5

La famille royale belge vit aujourd'hui à Laeken, mais ce palais du XIXe siècle, ouvert uniquement l'été, demeure sa résidence "officielle", dotée d'ornements aussi improbables que le plafond du salon des Glaces décoré d'ailes de millions de scarabées thaïlandais, commande de la reine Paola à l'artiste contemporain Jan Fabre. (☎02-551 20 20 ; www.monarchy.be ; place des Palais ; entrée libre ; 🕓10h30-16h30 mar-dim fin juil-début sep ; MParc)

Se restaurer

Soul Food

BIO €€

8 Plan p. 92, B6

Avec son cadre accueillant au sol carrelé, cette table intimiste et décontractée à la lisière des Marolles se distingue de la concurrence. Sa carte fusion bio laisse de côté le beurre et la crème au profit d'huiles végétales, de graines et de céréales intéressantes. Réservation nécessaire (☎02-513 52 13 ; www.soulresto.com ; rue de la Samaritaine 20 ; plats 15-22 € ; 🕓19h-21h mer-dim ; MLouise)

Laurent Gerbaud

CHOCOLAT €

9 Plan p. 92, C4

Un endroit clair et chaleureux aux grandes fenêtres panoramiques, parfait pour déjeuner ou prendre un café. Il faut goûter les merveilleux chocolats, plutôt sains car sans alcool, ni additifs ni sucres ajoutés. Le sympathique maître chocolatier organise aussi des dégustations et des séances de fabrication. (☎02-511 16 02 ; www.chocolatsgerbaud.be ; rue Ravenstein 2D ; 🕓8h-19h30)

Les Brigittines

FRANCO-BELGE €€€

10 Plan p. 92, A5

Pour un repas onéreux entre grandes personnes dans une salle à manger de la Belle Époque aux tons patinés. La carte classique très carnée comprend, entre autres, de la joue de veau, des pieds de porc

À savoir

Moules-frites

À Bruxelles, rien de plus courant qu'une cocotte en fonte remplie de moules (*mosselen* en néerlandais) fumantes sur une table de restaurant. Le plat se prépare traditionnellement avec du vin blanc – il existe aussi des variantes à la provençale ou à la bière et à la crème – et s'accompagne de frites. On ne mangeait autrefois des moules que durant les mois comportant un "r" pour être sûr de leur fraîcheur, mais les méthodes d'élevage modernes permettent désormais d'en consommer à partir de juillet. Un conseil : laissez de côté celles qui ne se sont pas ouvertes à la cuisson.

Comprendre

Les racines du Benelux

En 1585, Bruxelles fut proclamée capitale des Pays-Bas espagnols. Les ambitions françaises de domination de l'Europe provoquèrent de nombreux conflits dans cette région-tampon. Les combats culminèrent avec la Guerre de Succession d'Espagne (1701-1713), à l'issue de laquelle les Pays-Bas espagnols passèrent aux mains des Habsbourg d'Autriche, avant d'être annexés par la France en 1794. En 1815, la bataille de Waterloo, qui vit la défaite de Napoléon Ier, marqua un tournant pour la région. Le congrès de Vienne consacra la naissance du Royaume-Uni des Pays-Bas, comprenant les Pays-Bas, la Belgique et le Luxembourg.

La révolution

La révolution belge commença de façon spectaculaire à Bruxelles, le 25 août 1830, lors d'un opéra évoquant la révolte de Naples contre les Espagnols deux siècles auparavant. Le public, essentiellement bourgeois, se joignit aux ouvriers qui manifestaient contre les souverains néerlandais et la foule envahit l'hôtel de ville. Une nouvelle nation allait naître.

L'indépendance belge

La Belgique fut reconnue comme État indépendant et neutre lors de la conférence de Londres en janvier 1831. Le 21 juillet de la même année (aujourd'hui fête nationale), Léopold de Saxe-Cobourg Gotha devint le roi Léopold Ier de Belgique. Les années suivantes virent l'émergence du nationalisme flamand, les tensions croissantes entre néerlandophones et francophones se soldant par la partition linguistique en 1898.

Le Congo belge

Léopold II (règne 1865-1909) accéda au trône à la mort de son père et voulut faire de son pays une nation puissante, notamment par la conquête coloniale. En 1885, il acquit personnellement dans le centre de l'Afrique une zone soixante-dix fois plus vaste que la Belgique, correspondant à l'actuelle République démocratique du Congo (RDC). Au cours des 25 années qui suivirent, des millions d'Africains moururent des atrocités perpétrées dans les plantations d'hévéas. En 1908, face à la montée de la pression internationale, le souverain dut céder ses possessions à l'État belge, qui contrôla le territoire jusqu'en 1960.

Comprendre

Quel nom ?

Le bilinguisme de Bruxelles implique que les communes, les rues, les gares et d'autres lieux ont souvent deux noms. Ainsi la commune d'Ixelles s'appelle-t-elle Elsene en néerlandais. Sur les panneaux de rues, le français apparaît en premier (ex : Petite Rue de la Violette/Korte Violetstraat). Dans le quartier des Marolles, la signalétique inclut en plus le dialecte bruxellois, ce qui donne des inscriptions à rallonge telles que "Rue Haute/Hoogstraat/Op d'Huugstroet". Pour simplifier les choses, nous n'avons utilisé dans ce chapitre que les versions françaises.

et du steak tartare. Le personnel compétent vous conseillera les bières locales et les vins artisanaux qui se marient le mieux avec vos plats. (02-512 68 91 ; www.lesbrigittines.com ; place de la Chapelle 5 ; plats 16-24 € ; 12h-14h30 et 19h-22h30 lun-ven, 12h-14h30 et 19h-23h sam ; M Louise)

Restobières

BELGE **€€**

11 Plan. 92, A8

Des spécialités belges à la bière servies dans un ravissant décor de bouteilles, de moulins à café et de boîtes à biscuits en tôle à l'effigie de la famille royale, où l'espace manque un peu. Goûtez la carbonnade flamande (ragoût de bœuf) ou le lapin aux pruneaux. (02-502 72 51 ; www.restobieres.eu ; rue des Renards 9 ; plats 12-22 €, menus 18-38 € ; 12h-15h mar-sam, 18h30-23h jeu-sam, 16h-23h dim)

Lola

BRASSERIE **€€**

12 Plan p. 92, B5

Une brasserie de style contemporain aux lignes épurées, sur la plus jolie place de Bruxelles. La carte décline des plats français et italiens de saison, comme le carré d'agneau au thym et aux oignons confits accompagné d'un gratin dauphinois. Ce sont toutefois les conversations animées de la clientèle plutôt aisée qui créent l'atmosphère. (02-514 24 60 ; place du Grand Sablon 33 ; plats 14-18 € ; 12h-15h et 18h30-23h30 lun-ven, 12h-23h30 sam et dim ; M Porte de Namur)

Easy Tempo

PIZZA **€**

13 Plan p. 92, A6

Cette agréable pizzeria occupe une vieille boulangerie classée aux splendides carreaux de céramique. Un personnel très avenant s'affaire derrière le comptoir, recouvrant les pizzas de garnitures telles qu'aubergines marinées, tomates séchées et artichauts. (02-513 54 40 ; rue Haute 146 ; pizzas à partir de 8 € ; déjeuner mar-dim, dîner mar-sam ; M Louise)

Le Village de la Bande Dessinée

CAFÉ **€€**

14 Plan p. 92, B5

Burgers sur le thème de la BD, spécialités belges, bagels, salades et milk-shakes sont tous conçus pour plaire aux enfants, tandis que des nappes à carreaux rouge et blanc ajoutent une note de gaité. Il y a aussi une bibliothèque rassemblant une belle collection d'albums et de souvenirs ainsi qu'une galerie où sont exposés des dessins originaux d'Hergé. (☎ 02-523 13 23 ; place du Grand Sablon 8 ; en-cas à partir de 6 € ; Ⓜ Porte de Namur)

Wittamer

SALON DE THÉ

15 Plan p. 92, B5

Cette alléchante pâtisserie-salon de thé aux stores rose bonbon est une enseigne de la famille Wittamer, chocolatiers depuis 1910, et compte parmi les vénérables institutions du Sablon. Chocolats en vente dans la boutique au n°6. (☎ 02-512 37 42 ; www.wittamer.com ; place du Grand Sablon 12-13 ; en-cas à partir de 8 € ; ⏲ 10h-18h mar-ven, 9h-18h sam et dim ; Ⓜ Porte de Namur)

Prendre un verre

La Fleur en Papier Doré

CAFÉ

16 Plan p. 92, A4

Les murs tachés de nicotine de ce minuscule café aimé des artistes

HEMIS/ALAMY ©

Pâtisserie Wittamer

et des habitants sont tapissés d'inscriptions, de dessins et de gribouillages laissés par Magritte et ses copains surréalistes, parfois en échange de verres gratuits. Sur la porte, la phrase *"Ceci n'est pas un musée"* rappelle aux visiteurs qu'ils doivent consommer et non se contenter de jeter un œil au décor. (www.goudblommekeinpapier.be ; rue des Alexiens 53 ; ⏲ 11h-23h mar-sam, 11h-19h dim)

Le Perroquet

BAR

17 Plan p. 92, B6

Parfait pour prendre un verre ou manger sur le pouce (salades et croque-monsieurs), ce café Art nouveau arborant vitraux, tables en marbre et lambris constitue une halte pleine de cachet, et à moindre coût, dans un quartier où ce genre d'établissement fait défaut. (Rue Watteeu 31; ⏲12h-1h ; Ⓜ Porte de Namur)

Brasserie Ploegmans

BRASSERIE

18 Plan p. 92, A6

Avec ses banquettes en bois surmontées de miroirs et son carrelage en damier de 1927, c'est une brasserie locale typique, réputée pour ses spécialités bruxelloises. (www.ploegmans.be ; rue Haute 148 ; ⏲12h-14h30 mar-ven et 18h-22h mar-sam, fermé août ; Ⓜ Louise)

Sortir

BOZAR

CONCERTS

19 Plan p. 92, C4

Conçu par Victor Horta en 1928, ce bâtiment Arts déco est le siège de l'orchestre national de Belgique et de la Société philharmonique. La salle Henri Le Bœuf se distingue par son acoustique remarquable. (www.bozar.be ; Palais des Beaux-Arts, rue Ravenstein 23 ; Ⓜ Gare Centrale)

> Bon plan
>
> **Billets à prix réduit**
>
> Ouverte de 12h30 à 17h30, la billetterie de l'office du tourisme au n°2 de la rue Royale (p. 157) vend des places de concerts, de théâtre et de cinéma à prix réduit. L'offre va de l'illustre BOZAR aux petites salles d'art et d'essai.

Cinematek

CINÉMA

20 Plan p. 92, D4

Dans une aile du centre culturel BOZAR, ce lieu moderne et stylé comprend un petit musée qui rassemble des archives et des objets en relation avec le cinéma. Son véritable attrait réside toutefois dans les projections de films muets accompagnés au piano. On peut également voir ici une programmation d'art et d'essai impressionnante. (☎02-507 83 70 ; www.cinematheque.be ; rue Baron Horta 9; Ⓜ Gare Centrale)

Cirque Royal

THÉÂTRE

21 Plan p. 92, E1

Spectacles de danse, opérettes, concerts classiques et musiques actuelles dans un cirque en dur reconverti. (☎02 218 20 15 ; www.cirque-royal.org ; rue de l'Enseignement 81 ; Ⓜ Madou)

Théâtre Les Tanneurs

THÉÂTRE

22 Plan p. 92, A6

Situé à la lisière des Marolles, cet espace dynamique fait la part belle au théâtre et à la danse. (☎02-512 17 84 ; www.lestanneurs.be ; rue des Tanneurs 75; Ⓜ Louise)

100% bruxellois

Recyclart

Vitrine alternative de la ville, ce "laboratoire artistique" couvert de graffitis dans l'ancienne gare Bruxelles-Chapelle redonne vie à ce qui était auparavant une friche industrielle. **Recyclart** (02-502 57 34 ; www.recyclart.be ; rue des Ursulines 25 ; Anneessens) accueille désormais des concerts branchés, des soirées avec DJ, des installations et des pièces de théâtre. Il y a même un café ouvert dans la journée et une piste de skate/roller.

Shopping

Claire Fontaine

ÉPICERIE FINE

23 Plan p. 92, B5

Sur la Place du Sablon, cette petite boutique pittoresque libère des effluves appétissants de produits alimentaires et de plats cuisinés sur place. Rien de mieux pour se régaler d'un sandwich nourrissant ou d'une quiche à emporter et acheter huiles, vins et boîtes de pains d'épice. (02-512 24 10 ; rue Ernest Allard 3; M Porte de Namur)

Mary

CHOCOLATS

24 Plan p. 92, E1

Fondée en 1919 et fournisseur officiel de la famille royale depuis 1942, Mary est la grande dame de la praline belge. Toutes ses variétés de chocolat entièrement naturel – plus de 70, dont les succulentes crèmes de café – sont confectionnées à la main. (02-217 45 00 ; www.marychoc.be ; rue Royale 73 ; 56 €/kg ; 10h-19h lun-sam ; M Madou)

Marché des antiquaires du Sablon

MARCHÉ D'ANTIQUITÉS

25 Plan p. 92, B5

Une bonne centaine d'antiquaires se réunissent le week-end sur cette place élégante, proposant porcelaine, cristallerie, bijoux, mobilier, faïences bretonnes du XVIIIe siècle et autres objets d'antan. Haut niveau de qualité et prix en rapport. (www.sablonantiquesmarket.com ; place du Grand Sablon ; 9h-18h sam, 9h-14h dim ; M Porte de Namur)

Pierre Marcolini

CHOCOLAT

26 Plan p. 92, B5

Le Bruxellois Marcolini est l'enfant prodige des chocolatiers belges. Mention spéciale pour les pralines à la ganache fondante à base de thés exotiques et les œufs de Pâques à oreilles de lapin. Choisissez dans les vitrines, puis récupérez votre commande dans la salle du fond. Autres créations à l'étage. (02-512 43 14 ; www.marcolini.be ; 70 €/kg ; 10h-19h dim-jeu, 10h-18h ven et sam ; M Porte de Namur)

Explorer

Parc du Cinquantenaire et quartier européen

Avec ses immeubles de bureaux sans âme et sa circulation infernale, le siège des institutions européennes n'a pas la réputation d'être particulièrement esthétique. Il recèle pourtant de nombreux sites non dénués d'attrait, dont les musées nichés dans la verdure du parc du Cinquantenaire, les belles demeures du début du XXe siècle qui bordent le square Marie-Louise et, bien sûr, les bâtiments où se décide la politique de l'Union Européenne.

L'essentiel en un jour

Commencez par une balade dans le parc Léopold suivie, si la politique européenne vous intéresse, de la visite guidée du **Parlement européen** (p. 109) qui commence à 10h. Sinon, allez voir les squelettes de dinosaures du spectaculaire **musée des Sciences naturelles** (p. 109). Dirigez-vous ensuite vers le **parc du Cinquantenaire** (p. 104) et profitez de la vue sur le quartier depuis l'Arcade du Cinquantenaire, accessible par le Musée militaire. En face du parc, prenez le temps d'admirer la façade de la **maison Cauchie** (p. 105), chef-d'œuvre de l'Art nouveau.

Accordez-vous une pause déjeuner au restaurant des **musées royaux d'Art et d'Histoire** (p. 106), puis consacrez plusieurs heures à ses riches collections. Après quoi, vous pourrez vous détendre dans le parc ou vous rendre, via le **Berlaymont** (p. 111) en forme d'étoile, jusqu'au **square Marie-Louise** (p. 109), entouré de hauts immeubles élancés, dont certains Art nouveau.

Le secteur ne brille guère par sa vie nocturne, mais **L'Atelier Européen** (p. 112) permet de dîner dans un cadre chic. Autrement, la vivante place Jourdan abrite restaurants, bars, pizzerias et, comme il se doit, un stand de frites.

Les incontournables

Parc du Cinquantenaire (p. 104)

Musées royaux d'Art et d'Histoire (p. 106)

Le meilleur du quartier

Gastronomie

Stirwen (p. 112)

L'Atelier Européen (p. 112)

Espaces verts

Parc du Cinquantenaire (p. 104)

Parc Léopold (p. 111)

Comment y aller

M Le métro est le moyen de transport le plus pratique. Descendez à la station **Mérode** pour les musées, **Schuman** pour les bâtiments de l'UE, **Maelbeek** pour le square Marie-Louise.

Les incontournables
Parc du Cinquantenaire

Malgré sa vocation fonctionnelle, le quartier conserve d'élégants jardins et places, tel le parc du Cinquantenaire. Celui-ci renferme plusieurs musées intéressants ainsi que l'Arcade du Cinquantenaire, bâtie entre 1880 et 1905 pour célébrer le 50e anniversaire de la Belgique (du fait de la durée du chantier, une maquette en plâtre occupa longtemps le site).

Plan p. 108, E3

Rue de la Loi et rue Belliard

M Mérode

Parc du Cinquantenaire

À ne pas manquer

Maison Cauchie

La célèbre **maison Cauchie** (☎02-733 86 84 ; www.cauchie.be ; rue des Francs 5 ; adulte/enfant 5 €/gratuit ; ⏲10h-13h et 14h-17h30 1ers sam et dim du mois, plus 18h-21h presque tous les soirs mai-août), trésor de l'Art nouveau, arbore une somptueuse façade de 1905 ornée de personnages féminins autour d'un grand œil de bœuf doté d'un balconnet. Réservez à l'avance pour voir les superbes pièces du rez-de-chaussée.

Musée royal de l'Armée et d'Histoire militaire

Pour les passionnés, le **musée royal de l'Armée et d'Histoire militaire** (☎02-737 78 11 ; www.klm-mra.be ; parc du Cinquantenaire 3 ; entrée libre, audioguide 3 € ; ⏲9h-12h et 13h-16h45 mar-dim ; Ⓜ Mérode) présente de vastes collections d'armes, d'uniformes, de véhicules, de vaisseaux de guerre, de peintures et de documents datant du Moyen Âge au début du XXe siècle.

Autoworld

La Belgique possédait avant la Seconde Guerre mondiale un secteur automobile prospère. En témoigne la collection d'**Autoworld** (www.autoworld.be ; adulte/tarif réduit/BrusselsCard 9/6 €/gratuit ; ⏲10h-18h avr-sep, 10h-17h oct-mars ; Ⓜ Mérode), riche de quelque 400 véhicules (Ford Model T, deux-chevaux Citroën, et bien d'autres modèles jusqu'aux années 1970), à admirer dans un étonnant bâtiment à structure métallique datant de 1880. Vous remarquerez la Harley-Davidson que l'actuel roi des Belges offrit aux forces de police après avoir décidé d'arrêter la moto.

☑ À savoir

- Le sommet de l'Arcade du Cinquantenaire, accessible par un escalier ou un ascenseur depuis le musée militaire, offre une vue panoramique sur la ville.
- En été, l'Arcade sert de toile de fond à un cinéma en drive-in.
- Dans la partie nord-ouest du parc, cherchez le pavillon Horta de style néoclassique, première commande de l'architecte et, à ce titre, peu caractéristique de son œuvre.
- Venez plutôt un mardi pour pouvoir visiter le soir la maison Cauchie.

✗ Une petite faim/soif ?

Nombre de cafés, bars et restaurants se concentrent sur la place Jourdan, où se trouve aussi la Maison Antoine (p. 112), fameux stand de frites.

Les incontournables
Musées royaux d'Art et d'Histoire

Les Belges ignorent souvent les merveilles qui se cachent dans les cavernes de ce musée d'antiquités. Ses très riches et très vastes collections vont des sarcophages de l'Égypte ancienne aux masques mésoaméricains, des icônes russes aux vélos en bois. On retiendra en particulier les sculptures médiévales disposées dans un cloître néogothique et la mosaïque romaine de Syrie entourée de fausses colonnes corinthiennes en fibre de verre.

Plan p. 108, D3

02-741 72 11

www.kmkg-mrah.be

Parc du Cinquantenaire 10

adulte/tarif réduit/enfant 5/4 €/gratuit

9h30-17h mar-ven, 10h-17h sam et dim

M Mérode

Sculpture aux musées royaux d'Art et d'Histoire

À ne pas manquer

Antiquités

D'une variété impressionnante, le département des antiquités couvre aussi bien l'Égypte pharaonique, avec dix momies et sarcophages, que les premières implantations humaines découvertes en Belgique. La galerie dédiée à la Syrie romaine, qui renferme une mosaïque du Ve siècle saisissante représentant des scènes de chasse au tigre et au lion, retient l'attention.

Arts décoratifs européens

Si la plupart des visiteurs se précipitent vers les superbes créations Art nouveau et Arts déco montrées dans des vitrines conçues par Victor Horta, il existe aussi des salles consacrées au arts roman, Renaissance et baroque, une collection tournante de tapisseries, une salle remplie d'horloges et d'instruments astronomiques et même un ensemble de 35 luges peintes des années 1930-40.

Civilisations non européennes

L'étendue de cette section, où se côtoient art précolombien, coiffes amérindiennes, divinités hindoues, bouddhiques et jaïnes, céramiques chinoises, textiles islamiques rares, art byzantin et tissus coptes, donne le tournis. Ne manquez pas le moaï de l'île de Pâques, colosse de pierre de six tonnes ramené dans les années 1930 par une expédition franco-belge.

Sur les traces de Tintin

Des pièces du musée ont inspiré des albums de Tintin : une effrayante momie a ainsi servi de modèle à l'Inca Rascar Capac des *Sept Boules de cristal*, et une figure votive en bois au fétiche arumbaya de *L'Oreille cassée*.

☑ À savoir

- Déterminez à l'avance ce que vous souhaitez voir sous peine d'être submergé par l'étendue des collections. Les pièces maîtresses sont signalées sur le site Internet.
- Gratuit le premier mercredi du mois après 13h.
- Le restaurant du musée propose un brunch le dimanche.
- La boutique vend des guides sur les collections, ainsi que les habituels cadeaux et souvenirs.

Une petite faim ?

Le musée comporte un bistrot haut de gamme réputé, **Le Midi Cinquante** (02-735 87 54 ; plats 13-15 € ; 9h30-16h30, fermé lun), dont la terrasse donne sur le parc.

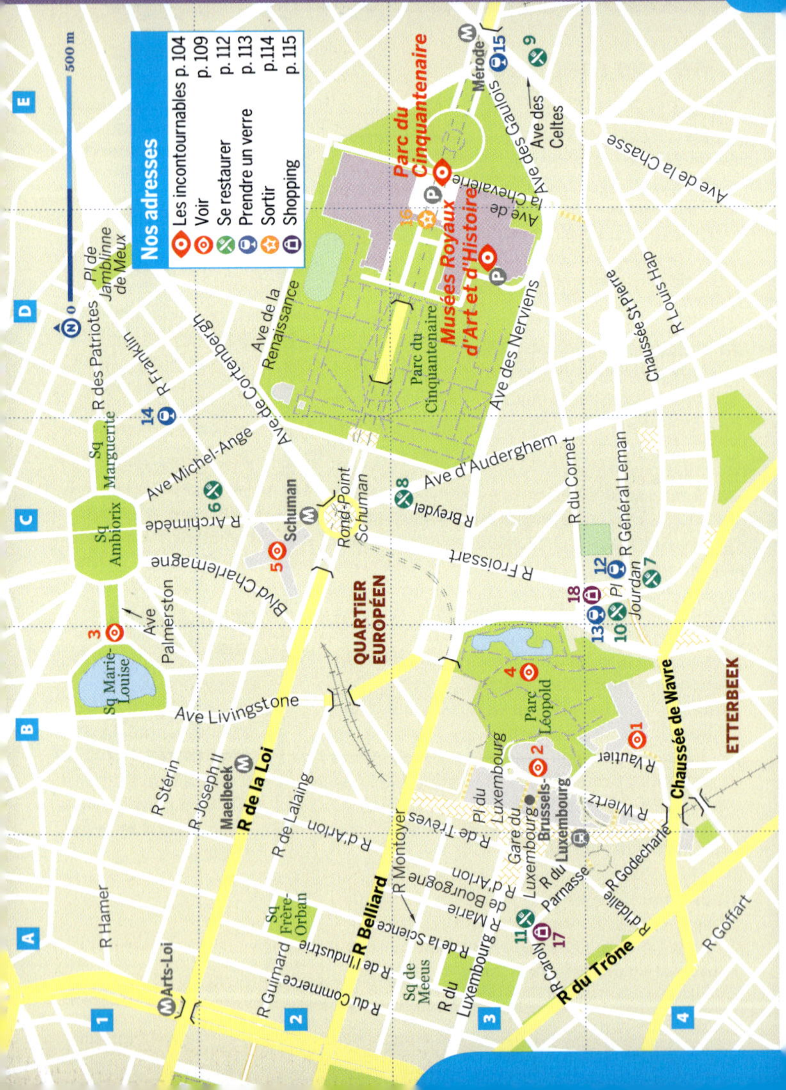

Nos adresses
Les incontournables p. 104
Voir p. 109
Se restaurer p. 112
Prendre un verre p. 113
Sortir p.114
Shopping p. 115
500 m
Parc du Cinquantenaire
Musées Royaux d'Art et d'Histoire
QUARTIER EUROPÉEN
ETTERBEEK
Parc Léopold
Sq Marie-Louise
Sq Ambiorix
Sq Marguerite
Pl de Jamblinne de Meux
Rond-Point Schuman
Schuman
Maelbeek
Arts-Loi
Mérode
Gare du Luxembourg
Brussels-Luxembourg
Pl du Luxembourg
Sq Frère-Orban
Sq de Meeus
Pl Jourdan
R de la Loi
R Belliard
Chaussée de Wavre
R du Trône
Ave de Cortenbergh
Ave Michel-Ange
Ave de la Renaissance
Ave des Nerviens
Ave d'Auderghem
Ave Livingstone
Ave Palmerston
Blvd Charlemagne
Ave des Gaulois
Ave des Celtes
Ave de la Chevalerie
Ave de la Chasse
R des Patriotes
R Franklin
R Archimède
R Froissart
R Breydel
R du Cornet
R Général Leman
Chaussée St-Pierre
R Louis Hap
R Hamer
R Stévin
R Joseph II
R de Lalaing
R d'Arlon
R de Trèves
R Montoyer
R de Bourgogne
R Marie de Bourgogne
R de la Science
R de l'Industrie
R du Commerce
R Guimard
R du Luxembourg
R du Parnasse
R Wiertz
R Vautier
R Godecharle
R d'Idalie
R Caroly
R Goffart

Voir

Musée des Sciences naturelles

MUSÉE

1 Plan p. 108, B4

Provocateur et fortement interactif, ce musée va bien au-delà de la classique collection d'animaux naturalisés. Il présente surtout d'imposants iguanodons de 10 m de haut, mis au jour dans une mine de charbon du Hainaut en 1878. Une simulation par ordinateur reproduit la coulée de boue qui les a probablement ensevelis, des bacs à sable permettent de jouer les chercheurs de dinosaures et des vidéos en plusieurs langues illustrent les dernières avancées de la paléontologie. (02-627 42 38 ; www.naturalsciences.be ; rue Vautier 29 ; adulte/tarif réduit/enfant/Brusselscard 7/6/4,50 €/gratuit ; 9h30-17h mar-ven, 10h-18h sam et dim ; 38 (direction Homborch ; départ à côté de la Gare Centrale) arrêt De Meeus sur la rue du Luxembourg)

Parlement européen

BÂTIMENT

2 Plan p. 108, B3

À l'intérieur de cet édifice en verre bleu résolument daté, qui n'a pourtant que dix ans, les passionnés de politique pourront assister à une session parlementaire dans le gigantesque hémicycle ou faire la visite des lieux avec un casque audio multilingue quand le Parlement ne siège pas. Départ du **centre d'accueil des visiteurs**, dans la section Paul-Henri Spaak. (02-284 34 57 ; www.europarl.europa.eu ; rue Wiertz 43 ; entrée libre ; visites 10h et 15h lun-jeu, 10h ven ; 38 (direction Homborch ; départ à côté de la Gare Centrale) arrêt De Meeus sur la rue du Luxembourg)

À savoir

Demeures Art nouveau

L'**hôtel van Eetvelde** (plan p. 108, C1 ; av. Palmerston 2-4), privé, ne peut être vu que dans le cadre d'une visite guidée ARAU tour (p. 144). Si son architecture extérieure n'a rien d'exceptionnel, l'aménagement intérieur est un chef-d'œuvre de Victor Horta en bois exotiques, coiffé d'un dôme en verre aux motifs végétaux d'inspiration africaine. L'ancien propriétaire, le baron Edmond van Eetvelde (1853-1925), fut secrétaire général pour l'État indépendant du Congo et, non par hasard, le haut fonctionnaire le mieux payé du pays.

La **maison Saint-Cyr** (plan p. 108, C1 ; Sq. Ambiorix 11) toute en hauteur, construite en 1903, comporte notamment des balustrades de balcon en ferronnerie tarabiscotée, une loggia ronde au dernier étage et une exubérante décoration en fer forgé à son sommet.

Comprendre

L'avenir de la Belgique

Si la Belgique joue un rôle central dans le consensus politique de la Commission européenne et de l'Otan, l'ironie du sort veut que sa propre identité culturelle et linguistique lui pose problème. Nulle part dans le pays les antagonismes sont aussi marqués qu'à Bruxelles, ville bilingue, où une réelle division existe entre les habitants de langue française et la communauté flamande.

En 2006, la chaîne francophone RTBF a interrompu ses programmes pour diffuser une séquence dans laquelle un reporter campé devant le Palais royal annonçait que la Flandre avait déclaré son indépendance et qu'Albert II avait quitté le pays. Elle a révélé une demi-heure plus tard qu'il s'agissait d'un canular visant à souligner l'importance du débat en cours sur l'avenir de la Belgique.

La question de la partition de la Belgique demeure en effet latente. Bruxelles, capitale de l'UE située en Flandre mais rattachée linguistiquement à la Wallonie, reste la principale pomme de discorde. L'avenir de la minuscule région germanophone constitue aussi un enjeu. Sans oublier que la monarchie belge est parfois remise en question, notamment par certains jeunes qui la jugent anachronique.

En cas de division, la Wallonie ne rejoindra sûrement pas la France, ni la Flandre les Pays-Bas. Les deux régions deviendraient sans doute indépendantes, et Bruxelles une cité-État, peut-être même administrée par l'UE. L'unification juridique et économique permise par l'UE rendrait l'existence de nations aussi petites plus viable qu'à aucun autre moment de l'histoire moderne.

En réalité, la plupart des Belges ne veulent pas d'une partition. Outre les liens affectifs, le qualificatif "belge" est devenu une marque de fabrique synonyme de prestige et de qualité. Certains considèrent que cette image positive serait amoindrie si la Flandre et la Wallonie formaient deux pays séparés, car elles ne jouissent pas d'une réputation internationale établie. La Belgique devrait donc se maintenir encore quelque temps.

Parlement européen

Square Marie-Louise

SQUARE

3 Plan p. 108, B1

Vous pourrez nourrir les canards dans la jolie mare bordée d'arbres, de verdure et de hautes demeures pleines d'élégance, jeter un œil à la fausse grotte et contempler du côté est deux ou trois belles maisons de style Art nouveau. (Près de l'avenue Palmerston-Laan ; M Maelbeek)

Parc Léopold

PARC

4 Plan p. 108, B3

Cet espace vert en pente, zoo de Bruxelles jusqu'en 1880, forme aujourd'hui une agréable oasis juste derrière le Parlement européen. Si ses bâtiments historiques, comme la bibliothèque Solvay (1902) et le lycée Émile Jacqmain, restent fermés au public, le musée Antoine Wiertz expose les œuvres monumentales insolites de ce peintre belge fantasque mort en 1865 (certaines scènes peuvent choquer les âmes sensibles). Quant au musée des Sciences naturelles, il justifie à lui seul le détour. (M Schuman)

Berlaymont

ÉDIFICE

5 Plan p. 108, C2

Siège de la Commission européenne, cet édifice en étoile de 1967 n'est pas ouvert au public, mais des panneaux à l'extérieur présentent succinctement l'UE et son rôle à Bruxelles. Environ 2 700 personnes y travaillent. (Rue de la Loi 200 ; M Schuman)

Se restaurer

L'Atelier Européen

BELGE **€€**

6 Plan p. 108, C2

Au bout d'une ruelle, dans une cour entourée de haies, cet ancien entrepôt de vins affiche une petite carte raffinée de viande et de poisson – sauté de veau et bar grillé, par exemple – ainsi que deux ou trois plats végétariens. Le vin est bien sûr à l'honneur, avec une sélection soignée et des crus du mois. (02-734 91 40 ; rue Franklin 28 ; 12h-14h30 et 18h30-22h lun-ven ; M Schuman)

Stirwen

FRANÇAIS **€€€**

7 Plan p. 108, C4

Ce restaurant établi de longue date plaît au palais délicat du personnel des instances européennes. Sa cuisine française traditionnelle toujours réussie compense l'aspect plutôt sombre et conventionnel du cadre. (02-640 85 41 ; www.stirwen.be ; chaussée Saint-Pierre 15 ; 12h-24h lun-ven ; M Schuman)

Au Bain Marie

ITALIEN **€€**

8 Plan p. 108, C3

Comme son nom ne l'indique pas, il s'agit d'une table italienne à l'atmosphère accueillante et détendue, fréquentée par les eurocrates du quartier. En été, préférez la terrasse. (02-280 48 88 ; rue Breydel 46 ; 12h-22h lun-ven)

100% bruxellois

Maison Antoine

Les Bruxellois se divisent en deux catégories : non pas les francophones et les néerlandophones, ni les Belges et les expatriés, mais entre fidèles de la Maison Antoine et les ardents défenseurs de la baraque de la place Flagey. Les frites de la **Maison Antoine** (plan p. 108, C4 ; place Jourdan ; à partir de 2 € ; 11h30-1h dim-jeu, 11h30-2h ven et sam ; M Schuman), plongées deux fois dans la graisse de bœuf, ont la faveur de hauts fonctionnaires et de célébrités, comme des touristes. Si vous souhaitez les accompagner d'une bière, de nombreux bars de la place Jourdan vous accepteront avec votre cornet.

Capoue

GLACES **€**

9 Plan p. 108, E3

Ce glacier décline un large éventail de parfums, parmi lesquels l'inévitable spéculoos. Yaourts glacés et en-cas complètent l'offre. (02-705 37 10 ; www.capoue.com ; avenue des Celtes 36 ; 12h-22h)

L'Esprit de Sel

BRASSERIE **€€**

10 Plan p. 108, C4

Sur la plus jolie place du secteur, cette adresse au décor chic sert de solides plats de brasserie tels que moules et carpaccio de bœuf. (02-230 60 40 ; www.espritdesel.be ; place Jourdan 52 ; 12h-24h)

Poivre et Sel

ITALIEN €€

11 Plan p. 108, A3

Une table italienne appréciée, au cœur du quartier européen, qui se distingue par la fraîcheur de ses ingrédients et la qualité de son service. Les raviolis au homard sont un régal ! Pensez à réserver. (02-503 46 93 ; www.poivre-et-sel.be ; rue du Parnasse 2 ; 12h-14h30 et 18h-22h30 lun-ven)

Prendre un verre

Café de l'Autobus

BAR

12 Plan p. 108, C4

Dans ce vieux bar en face de la Maison Antoine, la plus célèbre friterie de Bruxelles, le patron ne vous en voudra pas si vous entrez avec votre cornet pour boire une ou deux bières. Le dimanche, les commerçants du marché d'alimentation de la place Jourdan viennent y faire une pause. (02-230 63 16 ; place Jourdan ; M Schuman)

Chez Bernard

BAR

13 Plan p. 108, C4

Un bar belge à l'ancienne dont la bière constitue la principale attraction. Si le choix vous laisse perplexe, n'hésitez pas à demander conseil. (02-231 10 73 ; place Jourdan 47 ; 11h-24h ; M Schuman)

Piola Libri

BAR

14 Plan p. 108, D1

Les eurocrates italiens aiment décompresser après le travail sur les canapés, la terrasse ou dans le

Comprendre

Histoire belge

N'en déplaise aux Anglo-Saxons, les "French Fries" sont belges, tout comme les gaufres bruxelloises proviennent en réalité de Gand. La confusion remonte à la Première Guerre mondiale : en Flandre occidentale, les soldats anglais entendaient leurs homologues belges, amateurs de frites, s'exprimer en français (les ordres étaient donnés dans cette langue, même aux néerlandophones, d'où parfois des conséquences tragiques) et se méprirent sur leur nationalité.

Les frites sont préparées à partir de pommes de terre bintje de Belgique ou des Pays-Bas. Coupées à la main, épaisses de 1 cm (plus fines, elles absorbent trop d'huile et brûlent), elles sont cuites une première fois, puis une seconde à plus haute température, pour devenir à la fois croustillantes et moelleuses. On les sert dans un cornet en papier et on les accompagne de multiples sauces, dont la classique mayonnaise. Si vous hésitez, choisissez l'andalouse, légèrement épicée.

Parc Léopold (p. 111)

jardinet triangulaire à l'arrière de cette librairie/café-bar conviviale, tout en dégustant de petits en-cas arrosés de vin blanc frais. Programme éclectique de lectures et de soirées avec DJ. (02-736 93 91 ; www.piolalibri.be ; rue Franklin 66 ; 12h-20h lun-ven, 12h-18h sam, fermé août ; M Schuman)

La Terrasse

BRASSERIE

15 Plan p. 108, E3

À proximité du parc du Cinquantenaire, ce café lambrissé classique et sa terrasse à l'ombre des arbres constituent l'endroit parfait pour prendre un rafraîchissement après la tournée des musées. Pour changer un peu de l'ordinaire, commandez la "bière du mois". Carte d'en-cas, crêpes, glaces, petits-déjeuners et plats de brasserie corrects. (02-732 28 51 ; www.brasserielaterrasse.be ; ave des Celtes 1 ; bières 2,40-4,50 € ; 8h-24h lun-sam, 10h-24h dim ; M Mérode)

Sortir

Arcade du Cinquantenaire

CINÉMA

16 Plan p. 108, D3

Demandez à l'office du tourisme la programmation du cinéma d'été en drive-in (des casques sont aussi disponibles pour ceux qui n'ont pas de voiture) proposée sous l'arcade du Cinquantenaire, dans le parc éponyme. (M Mérode)

Shopping

Crush Wine

VIN

17 Plan p. 108, A3

Bruxelles est trop fière pour avoir des bars à bière australiens, mais suffisamment cosmopolite pour accueillir cette magnifique cave rassemblant plus de 190 vins d'Australie, un choix sans équivalent en Europe, parmi lesquels des crus rares de Tasmanie et des dizaines de rouges de Margaret River. Dégustations quotidiennes, tapas et événements réguliers. Appelez pour connaître les heures d'ouverture le samedi. (02 502 66 97 ; www.crushwine.be ; rue Caroly 39 ; 11h-19h lun-ven, plus un sam par mois ; M Trône)

Marché de la place Jourdan

MARCHÉ

18 Plan p. 108, C4

Petit marché dominical d'alimentation et de vêtements, à parcourir avant de siroter un café sur la place. (Place Jourdan ; 7h-14h dim ; M Schuman)

Les incontournables
Musée Horta

Comment y aller

La ligne 92 part de la place Louise (15 min ; toutes les 15 min)

Ⓜ Horta

Le circuit en bus ARAU permet de voir le musée Horta et d'autres maisons Art nouveau.

L'extérieur ne le laisse pas présager, mais l'ancienne maison de Victor Horta, chef de file de l'architecture Art nouveau en Belgique, est un joyau qu'il a conçu et construit entre 1898 et 1901. Baignées de couleurs chaudes, les salles du rez-de-chaussée sont carrelées du sol au plafond. Dans les étages, Horta a distillé ses touches personnelles dans de petites pièces plus intimes. Le sous-sol offre une vue d'ensemble de son œuvre, avec notamment la maquette de sa magnifique Maison du Peuple, aujourd'hui détruite.

Intérieur du musée Horta

À ne pas manquer

Escalier

L'escalier est la pièce maîtresse de la maison. Les nœuds et les fioritures de la rampe deviennent de plus en plus exubérants au fil de la montée, débouchant sur un enchevêtrement de volutes et de lanternes s'élevant jusqu'à la verrière du plafond, garnie de vitres jaune citron et blanches. Les arcs et les poutres en métal unifient la structure d'ensemble, et les pièces donnent sur l'avant et l'arrière, créant une impression d'espace et de lumière.

Salle à manger

La mosaïque au sol, les vitraux étincelants et les briques en céramique aux murs reflètent la lumière dans cette pièce très harmonieuse, remplie de meubles en frêne américain, de cuivres brillants et de couleurs dans les tons roses et orange. La pièce donne sur le salon à travers des portes vitrées, qui créent une belle continuité avec le jardin derrière.

Chambres

On trouve d'autres meubles en frêne américain dans la chambre d'Horta. À côté, la salle de bains reconstruite dispose d'un immense chauffe-eau et d'une douche. La chambre de la fille d'Horta est agrémentée d'un ravissant jardin d'hiver, et on ne peut qu'envier ceux qui ont été invités à séjourner dans la chambre d'amis, au dernier étage de la maison : tourner la poignée en cuivre toute biscornue est un plaisir en soi.

Extérieur

Comme souvent dans les réalisations d'Horta, la façade est assez austère, mais intéressante à contempler une fois la visite de l'intérieur terminée ; cherchez la balustrade en forme de libellule de la fenêtre de la chambre d'amis et le balcon en métal d'inspiration industrielle.

☎02-543 04 90

www.hortamuseum.be

Rue Américaine 25

adulte/enfant 7/3,50 €

⏲14h-17h30 mar-dim

☑ À savoir

▸ Pour des informations détaillées, achetez l'excellent guide du musée (10 €).

▸ Les visites sont limitées à 45 personnes ; arrivez en avance pour éviter l'attente.

▸ Pour voir la maison et d'autres bâtiments Art nouveau en compagnie d'un guide spécialisé, réservez le circuit en bus proposé par ARAU (02-219 33 45 ; www.arau.org ; 3 heures ; 17 €).

Une petite faim ?

Essayez le sympathique **SiSiSi** (☎02-538 58 18 ; Chaussée de Charleroi 174 ; ⏲10h-0h), ou prenez un verre de vin accompagné de fromage à l'**Œno tk** (☎02-534 64 34 ; ⏲11h-20h lun-mar, 11h-22h30 mer-sam).

100% bruxellois
Un petit tour dans les Marolles

Comment y aller

L'ascenseur en verre de la place Poelaert, devant le palais de Justice, vous évite la descente escarpée jusqu'aux Marolles.

M Gare du Midi et Porte de Hal sont les stations les plus proches.

Enclave populaire partiellement embourgeoisée, le quartier des Marolles est connu pour son parler gouailleur et ses bars sans prétention. Pour en apprécier toute l'histoire, rendez-vous place du Jeu de Balle ou dans un bistrot. Les cheminées en brique délabrées sont un autre vestige du passé industriel de la zone. Programmez votre visite un dimanche pour flâner au marché de la gare du Midi (mais la brasserie sera fermée) ; pour assister à la messe du matin à l'église, visitez ces sites dans le sens inverse.

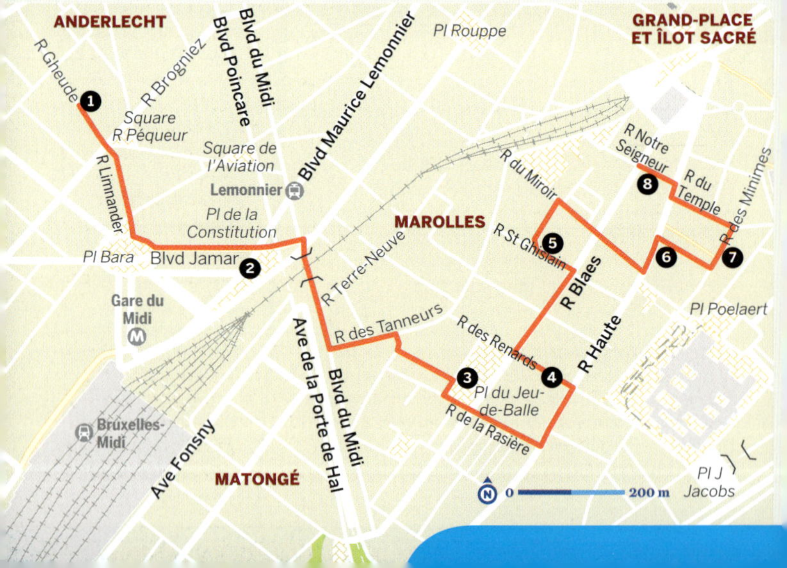

❶ Déguster des bières

Si vous êtes dans le quartier en semaine, visitez le **musée bruxellois de la Gueuze** (☎02-521 49 28 ; www.cantillon.be ; rue Gheude 56 ; entrée 5 € ; 8h30-17h lun-ven, 10h-17h sam ; Ⓜ Gare du Midi), qui permet de découvrir les coulisses de la fabrication de cette bière unique à base de lambic. Dégustation au programme.

❷ Flâner au marché de la gare du Midi

Si vous êtes dans le quartier un dimanche, rendez-vous au **marché** (6h-13h dim ; Ⓜ Gare du Midi) de la gare du Midi. Réputé être le plus grand d'Europe, ce vaste marché a des saveurs cosmopolites : épices, fromages, viandes, cuirs, ainsi que des produits méditerranéens et nord-africains garnissent ses étals colorés.

❸ Chiner au marché aux puces de la place du Jeu de Balle

Les Marolles authentiques font encore entendre leur gouaille sur ce **marché aux puces** (Place du Jeu-de-Balle ; 7h-14h ; Ⓜ Porte de Hal ou Lemonnier) chaotique, créé en 1919. C'est le week-end qu'il est le plus animé, mais les meilleures affaires se font en semaine, tôt le matin. Faites une pause au **Marseillais** (☎02-503 00 83 ; rue Blaes 163 ; 8h-0h mar-dim), à l'angle nord-est de la place, qui sert 55 variétés de pastis.

❹ Remonter la rue des Renard

Cette rue étroite illustre l'évolution du quartier : boutiques branchées vintage et rétro face aux petites maisons ouvrières et aux restaurants traditionnels. En haut de la rue, vous tomberez peut-être sur un vestige : une carriole vendant de petites portions d'escargots.

❺ Admirer le jardin d'enfants d'Horta

Ce charmant **bâtiment** (rue St-Ghislain 40), une école, ne peut être admiré que de l'extérieur. Appréciez les motifs floraux, l'amusante tour et la façade rayée de gris et de blanc.

❻ Visiter la maison de Bruegel

Le **musée** (☎02-513 89 40 ; rue Haute 132) aménagé dans cette demeure à pignons où vécut et mourut Bruegel l'Ancien n'ouvre que sur réservation ; téléphonez à l'avance ou renseignez-vous auprès de l'office du tourisme.

❼ Voir Saints-Jeanne-et-Étienne aux Minimes

L'**église** (☎02-511 93 84 ; rue des Minimes 62 ; 27) est une immense structure baroque dégradée par les intempéries, achevée en 1715. La messe a lieu le dimanche à 11h30 ; l'acoustique de la coupole est très bonne, et l'office inclut des chants grégoriens ou des cantates de Bach.

❽ Dîner à L'Idiot du Village

Il faut réserver pour avoir une table au pittoresque **L'Idiot du Village** (☎02-502 55 82 ; rue Notre Seigneur 19 ; 12h-14h et 19h30-23h lun-ven ; Ⓜ Louise), caché dans une ruelle près des puces. Une cuisine riche et pleine de saveurs.

100% bruxellois
Shopping à Sainte-Catherine

Sainte-Catherine est le quartier branché de la capitale. L'artère principale, la rue Antoine Dansaert, abrite les grands noms de la bouillonnante mode bruxelloise et des stylistes d'avant-garde, tandis que la rue de Flandre et la rue Léon Lepage accueillent des boutiques plus petites et plus décalées.

Comment y aller

Ⓜ La station de métro la plus proche est Bourse, mais vous ne mettrez pas plus de 15 minutes à pied depuis la Grand-Place.

❶ Trésors vintage chez Gabriele

Boutique chic et excentrique, **Gabriele** (☎02-512 67 43 ; gabrielevintage.com ; rue des Chartreux 27 ; ⏲13h-18h30 lun-mar, 11h-18h30 mer-sam) propose des trésors vintage (robes de cocktail, chapeaux, châles chinois, accessoires…). Les vêtements sont tous originaux et datent des années 1920 aux années 1980.

❷ Livres à Passa Porta

Cette élégante **librairie** (☎02-226 04 54 ; www.passaporta.be ; rue Antoine Dansaert 46 ; ⏲11h-19h mar-sam, 12h-18h dim) organise régulièrement des événements littéraires (brochure disponible sur place).

❸ Vêtements de créateur à Mapp

Boutique très tendance, **Mapp** (☎02-551 17 67 ; thisismapp.com ; rue Léon Lepage 5 ; ⏲11h-19h lun-sam, 14h-18h dim) propose un stock sans cesse renouvelé de vêtements, d'accessoires, de livres et de disques. L'accent est mis sur les jeunes créateurs qui montent.

❹ Mode romantique à Just In Case

Vêtements féminins poétiques inspirés du passé, avec des coupes de style vintage. La belle collection de **Just In Case** (justincase.b ; rue Léon Lepage 63 ; ⏲11h-19h mar-sam) est organisée par couleur : bleu électrique, corail et orange.

❺ Bonnes affaires à Outlet Privejoke

Grandes marques de vêtements décontractés pour homme et femme à prix cassés dans ce petit **magasin d'usine** (rue Léon Lepage 30 ; ⏲14h-19h mer-dim).

❻ Un verre Au Laboureur

Ambiance surannée garantie dans ce **bar** (rue de Flandre 108 ; bière 1,60 € ; ⏲9h30-22h) en angle plein de charme. Parfait pour siroter une bière.

❼ Mode décalée à Lowi

Vêtements et accessoires sous le signe de l'originalité à **Lowi** (www.lowi.be ; rue de Flandre 124 ; ⏲11h-19h mar-sam), qui vend notamment de beaux bijoux en céramique et porcelaine.

❽ Paradis de la cuisine à Pimpinelle

Cette adorable **boutique** (www.pimpinelle.be ; rue de Flandre 57 ; ⏲ 12h-18h30 lun-sam) vend des ustensiles de cuisine en céramique, des plats en étain, des moules à gâteaux, des marmites, des casseroles et des balances. Des ateliers de cuisine sont aussi proposés dans la belle salle carrelée du fond.

❾ Art et artisanat à Micro Marché

Terminez votre shopping sur une note originale : les créations alternatives et bon marché de jeunes artisans bruxellois au très branché **Micro Marché** (Quai à la Houille 9 ; ⏲16h-21h ven, 11h-19h sam-dim). La cour industrielle a été transformée en salle d'exposition et de spectacle, et l'endroit abrite aussi un café (axé sur le thème du voyage). Une adresse devenue incontournable dans le quartier.

1 metre de b
Blonde
OUBLE
CHIEN
Blonde
BROUWERIJ MARTENS BOCHOLT
BEER M
400 BIERES ART
Tripel

Bruxelles et Bruges

Selon ses envies

Les plus belles balades

Envie de...

Assortiment de bières belges
MARTIN MOOS/GETTY IMAGES©

Les plus belles balades
Bruxelles Art nouveau

Itinéraire

L'Art nouveau est la signature architecturale de Bruxelles. Principal représentant de ce style, Victor Horta (1861-1947) a laissé des bâtiments audacieux, inondés de lumière, où le fer forgé et le verre priment. Sa Maison du Peuple fut démolie en 1965, mais le parcours qui suit permet d'admirer d'autres chefs-d'œuvre, ainsi que plusieurs édifices signés par ses contemporains. Seul le musée Horta est ouvert au public – pour visiter certains intérieurs, il faut participer à l'un des excellents **circuits guidés** (p. 144) organisés par ARAU.

Départ Porte de Hal ; M Porte de Hal

Arrivée Avenue Louise

Longueur 3 km ; 2 heures

Une petite soif ?

Concluez la promenade par la place Flagey, où vous pourrez prendre un verre au **Café Belga** (02-640 3508 ; place Flagey 18 ; 8h-2h) hyper branché.

Intérieur du musée Horta

❶ La Porteuse d'eau

De la **porte de Hal**, suivez la chaussée de Waterloo, puis prenez l'avenue Jean Volders. Au n°48, faites une halte dans le café Art nouveau typique (vitraux colorés et boiseries aux courbes gracieuses).

❷ Hôtel Winssinger

La rue de la Victoire conduit à l'**hôtel Winssinger**, sobre édifice d'Horta, qui présente des éléments caractéristiques de l'Art nouveau : encadrements de fenêtres métalliques et délicates balustrades à volutes aux balcons.

❸ Musée Victor Horta

Peut-être aurez-vous envie de visiter séparément la **maison de Victor Horta** (p. 116) ? Quoi qu'il en soit, arrêtez-vous pour contempler sa façade simple, dont les ouvrages en fer forgé reprennent des thèmes aquatiques (iris d'eau, libellule). L'intérieur, éclairé par en haut, est dominé par les lignes sinueuses.

❹ Les Hiboux et l'hôtel Hannon

En empruntant l'avenue Brugmann, vous arriverez devant deux constructions attenantes : **Les Hiboux**, bâtiment en brique rouge d'Édouard Pelseneer surmonté de deux hiboux en pierre bleue et l'**hôtel Hannon** de Jules Brunfaut, orné d'un bas-relief et de vitraux.

❺ Maison et atelier Dubois

De l'autre côté de la rue, au n°80, se dresse la maison dessinée par Horta pour Fernand Dubois. Elle abrite l'ambassade de Cuba, mais on peut contempler la vaste baie qui illumine l'atelier.

❻ Bâtiments de Paul Hankar

Remontez la rue Africaine pour découvrir aux n°48, 50 et 71 de la rue Defacqz plusieurs réalisations de Paul Hankar, dont les façades sont plus ouvragées que celles d'Horta, avec des frises et des fresques brillantes.

❼ Hôtel Tassel

Dans la rue Paul-Émile Janson, s'élève l'**hôtel Tassel** (1893), première œuvre Art nouveau de Horta. L'architecte en a conçu les mosaïques, les vitraux, les boiseries et les poignées de porte.

❽ Hôtel Solvay

Tournez à droite dans l'avenue Louise pour rejoindre l'**hôtel Solvay** (1903), conçu par Horta. La façade ne laisse rien présager de la richesse du décor intérieur, composé de somptueux matériaux tels que bois tropicaux, bronze et onyx.

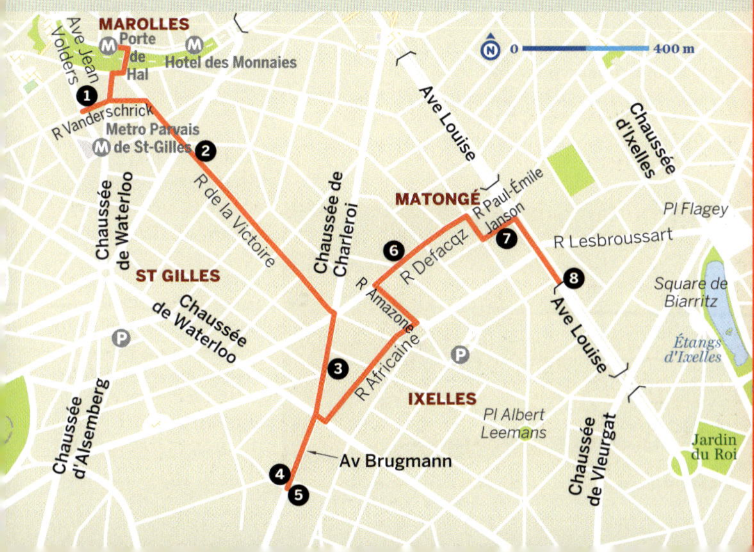

Les plus belles balades
Parcs et canaux de Bruges

Itinéraire

Ce parcours en boucle mène du cœur de Bruges à de charmants espaces verts : le Koningin Astridpark et son petit kiosque à musique, le parc qui s'étire le long de Gentpoortvest, le vaste Minnewater et le ravissant jardin du béguinage (Begijnhof). Il revient ensuite vers les abords plus touristiques du Vismarkt.

Départ Vismarkt

Arrivée Vismarkt

Longueur 3 km ; 2 heures

Une petite faim ?

En prévision d'un pique-nique près du Minnewater, faites une halte dans la merveilleuse petite **pâtisserie Schaeverbeke** (☎050 33 31 82 ; Schaarstraat 2), débordant de gâteaux aux fruits crémeux, de croissants et de pain frais. On peut aussi acheter des fruits chez le marchand de primeurs en face.

Kiosque du Koningin Astridpark

1 Vismarkt

Ce joli **marché au poisson** (p. 41) à colonnades datant de 1821 bat son plein presque tous les jours. Plusieurs restaurants de fruits de mer donnent sur la charmante Huidenvettersplein, où se dressent des bâtiments typiques comme la maison de la guilde des tanneurs. Pour débuter la balade, sortez par l'extrémité sud du marché.

2 Koningin Astridpark

Du Vismarkt, suivez J Suvéestraat vers le sud jusqu'au **Koningin Astridpark**. L'endroit doit son nom à l'épouse suédoise du roi Léopold III, dont le buste se dresse à l'angle du parc, de même qu'un kiosque à musique. Sortez près de l'église néogothique de la Madeleine et arrêtez-vous à la pâtisserie au n°2 Schaarstraat, avant d'emprunter Willemijnendreef.

3 Gentpoort

Tournez à droite au bout de la rue pour gagner la **Gentpoort** (porte de Gand), l'une des quatre portes médiévales de la ville, d'où un agréable sentier longe la berge.

❹ Parc Minnewater

Le chemin débouche sur le pittoresque **parc Minnewater** (p. 57) aux parterres de fleurs soignés et aux allées retirées. Son paisible plan d'eau, aujourd'hui connu des Brugeois comme le “lac d'Amour”, était jadis le port intérieur de la ville où l'on déchargeait les cargaisons de bois, d'épices et de soieries.

❺ Wijngaardplein

Ralliez **Wijngaardplein**, une charmante place bien que touristique, dont les cafés un peu chers jouissent d'une vue évocatrice. Notez la fontaine à tête de cheval où s'abreuvaient les attelages.

❻ Begijnhof

En franchissant le petit pont à arches depuis la place, vous atteindrez le **béguinage** (p. 50) du XIIIe siècle qui compte parmi les trésors de Bruges. Ses bâtiments chaulés s'organisent autour d'un jardin planté d'arbres et couvert de jonquilles au printemps. Le musée, dans une maison traditionnelle, et l'église valent le détour. Après la visite, traversez le canal, suivez Wijngaardstraat et prenez à gauche Katelijnestraat. Tournez à droite dans Gruuthusestraat (qui devient Dijver) pour revenir au Vismarkt.

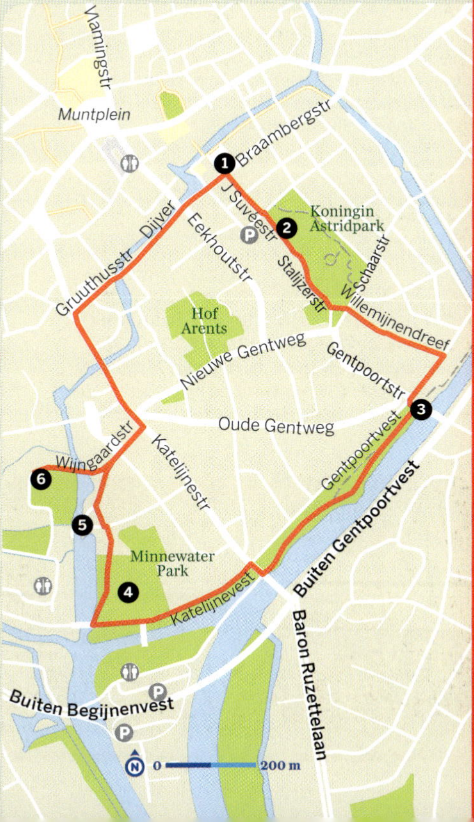

Les plus belles balades Ouest de Bruges

Itinéraire

À Bruges, l'un des plaisirs suprêmes consiste à flâner au hasard hors des sentiers battus. Cette brève promenade décrit une boucle entre le Markt et l'ouest de la ville, via des églises historiques, des demeures Renaissance et des hospices. Il n'y a pas de monuments sensationnels, mais les touristes se font plus rares et la tranquillité règne dès qu'on s'éloigne à peine du centre.

Départ Markt

Arrivée Markt

Longueur 2,5 km ; un peu moins de 2 heures

Une petite faim ?

Tout près de Zuidzandstraat, le **Gran Kaffee De Passage** (carte p. 32 , A8 ; ☎ 050 34 02 32 ; www.passagebruges.com ; Dweersstraat 26-28 ; plats 5-10 € ; 18h-23h) éclairé aux chandelles prépare une cuisine belge copieuse et roborative à prix avantageux.

Eiermarkt

❶ Markt

Cœur de Bruges, la **Grand-Place** (p. 24) dominée par son haut beffroi donne à voir de remarquables édifices néogothiques. De là, empruntez la rue qui va vers le sud-ouest, Steenstraat, bordée de belles façades du XVIIe siècle.

❷ Simon Stevinplein

Un détour à droite vous conduira sur cette place séduisante qui porte le nom de Simon Stevin, un ingénieur, physicien et mathématicien flamand du XVIe siècle natif de Bruges. Profitez-en pour goûter les produits de **Chocolate Line** (p. 62), la boutique du chocolatier prodige Dominique Persoone.

❸ Zuidzandstraat

Longez Zuidzandstraat jusqu'à 't Zand et traversez la place pour prendre à gauche Boeveriestraat. Vous pouvez aussi faire un crochet par Beursplein (place de la Bourse), où le marché du samedi vend des fleurs, des poulets et des lapins vivants.

4 Boeverievest

L'itinéraire rejoint ici le bord du canal où se tient l'**Oud Waterhuis**. Des chevaux en actionnaient autrefois la roue pour tirer l'eau destinée aux puits et aux brasseries. Un chemin à droite traverse l'espace vert et débouche sur la **Smedenpoort**, une porte de la ville du XIVe siècle.

5 Smedenstraat

Empruntez à droite Smedenstraat en direction du centre-ville. De là, ralliez Kreupelenstraat ou Kammakersstraat pour découvrir certains des hospices caractéristiques de Bruges.

6 Speelmansrei

Engagez-vous à gauche dans Speelmansrei, qui décrit une courbe épousant la rive gauche du canal. Franchissez celui-ci, tournez à gauche dans Moerstraat, puis à droite dans Ontvangersstraat. Au bout de cette rue, prenez à gauche Noordzanstraat, très animée.

7 Eiermarkt

Non loin à gauche s'étend la petite Muntplein, où les habitants se retrouvent pour manger des glaces chez **Da Vinci** (p. 37). Gagnez ensuite la jolie Eiermarkt, une petite place entourée de cafés, avant de retourner vers le Markt.

Envie de... Restaurants

Mieux vaut avoir un solide appétit car les restaurants de Bruxelles et de Bruges préparent un large éventail de plats savoureux. La Belgique compte par ailleurs le plus grand nombre d'étoiles Michelin par habitant en Europe. Beaucoup de cafés, bars et pubs servent aussi des repas substantiels.

Repas

En Flandre, le petit-déjeuner est un repas roboratif composé, entre autres, de charcuterie, de fromage et de céréales. Au déjeuner, bon nombre de restaurants proposent un *dagschotel* (plat du jour). Certains affichent aussi un *dagmenu* (menu du jour) de trois plats ou plus, qui revient moins cher que la carte. On peut parfois dîner dès 18h, mais les restaurants ne s'animent qu'à partir de 20h.

Moules et frites

S'il existe un plat national belge, ce sont bien les moules (*mosselen* en néerlandais). Pour extirper les mollusques, on utilise une coquille vide en guise de pince plutôt qu'une fourchette. Omniprésentes, les frites (*frieten*) accompagnent non seulement les moules (ainsi que presque tous les autres plats), mais elles constituent l'en-cas de prédilection.

Cuisson de la viande

En Belgique, vous n'aurez pas de problème pour préciser la cuisson de votre viande car même les Flamands utilisent les termes français “saignant”, “à point” et “bien cuit”.

JEAN-PIERRE DEGAS/HEMIS/CORBIS ©

À savoir

Spécialités flamandes :

- *Bloedworst* (boudin à base de sang de porc, servi avec une sauce aux pommes)
- *Breugel Kop* (morceaux et langue de bœuf en gelée)
- *Filet américain* (steak tartare)
- *Konijn met pruimen* (lapin aux pruneaux)
- *Paardefilet* (steak de cheval)
- *Paling in 't groen* (“anguilles au vert”, aux épinards)
- *Stoemp* (purée de pommes de terre et saucisse)

Spécialités belges, Bruxelles

Brasserie de la Roue d'Or Cochon de lait et steak (p. 78)

Maison Antoine Le must de la frite (p. 112)

Dandoy La biscuiterie la plus réputée (p. 78)

Mokafé Vraies gaufres saupoudrées de sucre glace (p. 78)

Spécialités belges, Bruges

Den Dijver Excellente cuisine à la bière (p. 58)

In 't Nieuwe Museum Anguille, steaks et ragoûts (p. 37)

Christophe Plats flamands, notamment carnés (p. 60)

Restobières Carte sur le thème de la bière (p. 98)

Tables gastronomiques, Bruxelles

Café-Restaurant de l'Ogenblik Délicieux bistrot de la vieille ville (p. 76)

La Maison du Cygne Restaurant sélect sur la Grand-Place (p. 79)

Stirwen Adresse chic du quartier européen (p. 112)

Sea Grill Le roi des fruits de mer, dans le luxueux hôtel Radisson (p. 79)

L'Atelier Européen Lieu élégant et retiré, fréquenté par les eurocrates (p. 112)

Tables gastronomiques, Bruges

De Karmeliet Restaurant étoilé au Michelin (p. 36)

Den Gouden Harynck Classe et sophistication dans un cadre ancien (p. 59)

Cuisines étrangères, Bruxelles

Kokob Cuisine éthiopienne et atmosphère accueillante (p. 78)

Easy Tempo Spécialiste de la pizza (p. 98)

Fruits de mer, Bruges

Den Gouden Karpel Crabes, crevettes et huîtres près du marché au poisson (p. 35)

De Stove La pêche du jour dans votre assiette (p. 35)

Chagall Anguilles et moules dans un décor cosy (p. 36)

Adresses authentiques, Bruges

De Belegde Boterham Fréquenté à midi par les locaux (p. 29)

L'Estaminet Sympathique bistrot proche du Koningin Astridpark (p. 29)

De Windmolen Mignon café-bar à l'ombre des moulins de Sainte-Anne (p. 31)

De Stoepa Bistrot doté d'une paisible terrasse-jardin (p. 58)

Envie de... Bars et vie nocturne

Si le moindre débit de boissons décline un choix de bières belges et de jenever (genièvre) ahurissant, le plus logique consiste à les goûter dans les "bars à bières" et les "cafés à genièvre". Des établissements programment de la musique live, souvent du jazz. Pour être informé des soirées dans les boîtes et ailleurs, ramassez les flyers à disposition dans les magasins de musique, les boutiques de streetwear, les bars et les cafés.

Habitudes locales

Les adresses spécialisées présentent des cartes riches de centaines de bières qui déconcertent les novices. Indiquez les saveurs et les caractéristiques que vous préférez, et le serveur se fera un plaisir de vous conseiller. Les débits de boissons ouvrent vers 10h et l'horaire de fermeture, non réglementé, varie en fonction de l'affluence.

Où boire un verre

En Belgique, le terme "café" désigne toujours un lieu où l'on sert de l'alcool, voire de quoi se sustenter. Dans ce cas, ces établissements portent parfois le nom de *eetcafé* ("café à manger") ou, pour les adresses plus chics, de "grand café". On peut aussi bien y prendre un verre qu'un repas. On peut aussi boire un coup dans une brasserie ou un bistrot, même s'il s'agit avant tout de restaurants. Les bars ne proposent que des boissons, comme les *herberg* (taverne, en flamand). Très pittoresque, le traditionnel *bruin café* ("café brun", parfois appelé *bruine kroeg*) doit son nom à ses murs habillés de boiseries, alternant avec de grands miroirs. Ces bars à l'ancienne se prêtent bien aux rencontres avec la population.

ILPO MUSTO/ALAMY©

☑ À savoir

- Si vous sortez avec des Belges, vous remarquerez que chacun paye sa tournée, sauf le conducteur qui ramène les autres (celui-ci est surnommé "Bob", résultat d'une campagne réussie contre l'alcool au volant).
- Les Belges commandent leurs bières à l'aide d'une curieuse langue des signes.
- N'oubliez pas de trinquer – en néerlandais, "santé !" se dit *schol !* ou *gezondheid !*

Bières aux fruits

Nos bars à bières préférés, Bruxelles

À la Mort Subite Haut lieu de la gueuze (p. 79)

Moeder Lambic Fontainas Bar branché proposant des bières artisanales (p. 81)

La Fleur en Papier Doré Pub rétro jadis fréquenté par Magritte (p. 99)

Nos bars à bières préférés, Bruges

't Brugs Beertje Choix immense et cadre cosy plein de cachet (p. 61)

De Garre 130 bières régionales dans une ambiance 100% locale (p. 39)

't Poatersgat Quantité de bières trappistes à savourer dans une cave (p. 38)

Café Vlissinghe Le plus vieux bar de Bruges, incontournable (p. 38)

Cambrinus Adresse historique dans une maison à pignon du XVIIe siècle (p. 39)

Musique à tous les étages, Bruxelles

Le Cercle des Voyageurs Jazz, vin et bonne chère (p. 76)

Le Fonograf Charmant café le jour, bar à musique le soir (p. 80)

Music Village Élégant bar jazz établi de longue date (p. 81)

Art Base Petite salle pour vrais amateurs de musique (p. 82)

Musique à tous les étages, Bruges

Du Phare Concerts de blues et de jazz, au nord de la ville (p. 41)

Retsin's Lucifernum Musique latino et environnement exceptionnel (p. 40)

Est Wijnbar Soirée jazz le dimanche dans un charmant petit bar à vins (p. 38)

Envie de... Sortir

Sachant que c'est un opéra qui fut à l'origine de la révolte pour l'indépendance de la Belgique, il n'y a rien d'étonnant à ce que les arts vivants bénéficient d'un intérêt prononcé dans tout le pays. Bruxelles possède des dizaines d'établissements splendides, mais les autres villes ne sont pas en reste. Bruges s'enorgueillit d'une salle exceptionnelle, le Concertgebouw. Il existe aussi de charmants théâtres de marionnettes, notamment le Théâtre royal de Toone, et moult cinémas.

HEMIS/ALAMY©

Le cinéma belge

Le climat et une vie nocturne qui débute assez tard contribuent peut-être à expliquer l'amour des Belges pour le septième art. Pourtant, bien que le pays compte quantité de salles, l'industrie cinématographique reçoit peu de financements comparée à d'autres formes artistiques. Seuls deux films belges grand public sortent en moyenne chaque année, auxquels s'ajoutent de petites productions indépendantes aux budgets plus limités. Les réalisateurs belges n'en sont pas moins renommés. Citons les frères Dardenne, qui ont remporté deux fois la Palme d'Or à Cannes pour *Rosetta* (1999) et *L'Enfant* (2005), ainsi que le Grand prix du festival pour *Le Gamin au vélo* (2011). Enfin, bien que réalisée par un Irlandais, la comédie policière *Bons baisers de Bruges* (2008) a fait de la ville flamande une star. Des acteurs belges, comme Natacha Régnier ou Benoît Poelvoorde, se sont aussi taillé une belle réputation. Certains ont même le statut de stars mondiales, à l'image du "Monsieur Muscle" bruxellois Jean-Claude Van Damme, abonné aux films d'action. Parmi les célébrités nationales figurent Vincent Grass, Natacha Amal et Matthias Schoenaerts.

Spectacle vivant, Bruxelles

BOZAR Magnifique salle de concerts signée Victor Horta (p. 100)

Théâtre du Vaudeville Pièces, concerts et spectacles de cabaret (p. 83)

Théâtre Royal de la Monnaie Salle de concerts historique où débuta la révolution belge (p. 83)

AB Pop et rock (p. 82)

Théâtre National Théâtre francophone (p. 83)

Cirque Royal Concerts de groupes connus et danse (p. 100)

Recyclart Lieu artistique alternatif (photo ci-dessus) (p. 101)

Concertgebouw, Bruges

Spectacle vivant, Bruges

Koninklijke Stadsschouwburg Musique classique, danse et théâtre dans un cadre du XIXe siècle (p. 40)

Concertgebouw Salle contemporaine proposant des concerts et spectacles de danse de premier ordre (p. 61)

Cactus Muziekcentrum Musiques actuelles, musiques du monde et Cactus Music Festival (p. 62)

Le top des salles obscures, Bruxelles

Actor's Studio Trois salles d'art et d'essai (p. 82)

Cinéma Galeries Dans les galeries Saint-Hubert (p. 82)

Cinematek Classiques du 7e art et films muets accompagnés de musique live (p. 100)

L'agenda des cinéphiles

Anima, Brussels & Ghent (http://folioscope.awn.com) En février, le festival d'animation de Bruxelles projette des courts et longs métrages de qualité.

Cinema Novo Film Festival, Bruges (www.cinemanovo.be) En mars, ce festival programme à Bruges des films indépendants d'Asie, d'Afrique et d'Amérique latine.

International Independent Film Festival, Bruxelles (www.centremultimedia.org) Début novembre, des cinéastes indépendants de 60 pays présentent durant une semaine plus d'une centaine de films innovants.

Envie de...

Scène gay et lesbienne

Bruxelles est la ville belge qui a le plus de succès auprès des voyageurs homosexuels. Tous les mois, la légendaire soirée La Démence (www.lademence.com) attire de beaux garçons venus de toute l'Europe. Le Festival du film gay et lesbien de Bruxelles (www.fglb.org) se déroule fin janvier, et la Gay & Lesbian Pride investit les rues de la capitale en mai. D'une manière générale, la population manifeste une attitude tolérante et décontractée vis-à-vis de l'homosexualité. La Belgique se montre progressiste en ce qui concerne le droit des couples de même sexe.

Où ?

À Bruxelles, la scène gay et lesbienne se concentre autour de la rue du Marché au Charbon, de la rue des Pierres et de la rue de la Fourche, en plein cœur de la ville. Procurez-vous la brochure bimensuelle Zizo (en flamand, mais facile d'accès), publiée par Holebifoon (www.holebifoon.be), qui répertorie des dizaines d'adresses dans tout le pays. Il n'existe à Bruges qu'un seul lieu spécifiquement gay, **The Pub** (☎ 0477 26 07 40 ; www.r-en-k.be/atthepub ; Hallestraat 4 ; ⏲ lun et jeu-dim 18h-tard), mais l'office du tourisme dispose d'une liste des établissements où la communauté homosexuelle est la bienvenue.

AFP/GETTY IMAGES©

☑ À savoir

Après La Démence, de nombreux fêtards vont au **Royal Windsor Hotel** (☎ 02-505 55 55 ; www.royalwindsorbrussels.com ; rue Duquesnoy 5).

Bruxelles "gay friendly"

Le You Thé dansant gay chaque dimanche (p. 82)

Fontainas Bar très tendance (p. 80)

Envie de... Marchés

Des marchés en tout genre se tiennent régulièrement à Bruges et à Bruxelles, qu'il s'agisse d'élégantes foires aux antiquités, parfaites pour dénicher porcelaine, cristal et meubles rares, de brocantes ou de marchés aux puces riches en articles d'occasion –BD, CD, vieux vinyles ou vêtements vintage. Sans compter les marchés alimentaires, parfaits en vue d'un pique-nique.

Marchés d'alimentation

À longueur d'année, des baraques de rue vendent de savoureuses spécialités belges, à commencer par des gaufres saupoudrées de sucre glace et des cornets de frites généreusement nappées de mayonnaise.

Marchés de Noël

L'Avent coïncide avec la magie des marchés de Noël : sur les grands-places des villes, on musarde alors entre jouets, artisanat et décoration, en s'accordant dans le froid une tasse de vin chaud réconfortant. Chaque année, ou presque, apparaissent aussi des sculptures sur glace tandis que des patinoires en plein air sont installées pour tout le mois de décembre. Les offices du tourisme vous en fourniront les adresses, mais le plus simple consiste encore à suivre la foule.

Marchés pittoresques, Bruges

Markt Fleurs et alimentation le mercredi sur la Grand-Place (p. 24)

Vismarkt Le vieux marché au poisson à colonnades (p. 41)

PASCALE BEROUJON/GETTY IMAGES©

Marchés pittoresques, Bruxelles

Gare du Midi Un tas de produits de la Méditerranée et du Maghreb (p. 119)

Marché aux puces de la place du Jeu de Balle Authentiquement local (p. 119)

Marché des antiquaires du Sablon Haut lieu de la chine le week-end (p. 101)

Grand-Place Marché aux fleurs trois fois par semaine (p. 68)

Place Jourdan Alimentation et vêtement le dimanche (p. 115)

Envie de... Shopping

La bière et le chocolat sont les cadeaux les plus faciles à rapporter de Bruxelles et de Bruges, et les deux villes offrent un large choix de boutiques spécialisées. Autres suggestions : la dentelle artisanale, les créations de stylistes belges, les BD, un diamant et les belles antiquités. Les mordus de shopping s'arrangeront pour venir durant les soldes, qui commencent la première semaine de janvier et la première semaine de juillet.

Tout le savoir-faire des grands chocolatiers

Bouchées, pavés ou perles, du brun intense au blanc crémeux, ornés d'une feuille d'or ou de volutes, enveloppés d'aluminium ou de cellophane : acheter du chocolat est un art en Belgique, d'autant que les plus délectables peuvent atteindre 120 € le kilo. L'industrie chocolatière connut un tournant en 1912, avec l'invention à Bruxelles des pralines belges (chocolats fourrés). Ces friandises traditionnelles sont désormais mises au goût du jour par des artisans audacieux, qui les parent d'arômes parfois... déroutants : cigare de La Havane, chou-fleur, petit pois, piment, wasabi, etc.

Points de vente

Outre les quelques boutiques chics des grands chocolatiers, il existe plusieurs chaînes prestigieuses comme Leonidas, Neuhaus, l'inventeur de la praline, et Galler, qui propose aussi ses pralinés en bâtons (mention spéciale pour le chocolat blanc aux pistaches fraîches).

JONATHAN SMITH/GETTY IMAGES©

☑ À savoir

Vous trouverez de nombreuses grandes marques de chocolat en supermarché à des prix inférieurs à ceux pratiqués en boutique.
Si vous prenez l'avion, sachez que l'aéroport de Bruxelles est le premier point de vente de chocolat au monde.

Le must des chocolatiers, Bruxelles

Mary Spécialiste de la praline, très réputé (p. 101)

Pierre Marcolini L'enfant prodige des chocolatiers belges (p. 101)

Galeries royales Saint-Hubert (p. 76)

Neuhaus L'inventeur de la praline belge, dans la galerie de la Reine (p. 84)

Laurent Gerbaud Chocolat artisanal aux saveurs originales (p. 96)

Meilleurs commerces de bouche, Bruges

Bacchus Cornelius Formidable choix de bières et de genièvre (p. 29)

Diksmuids Boterhuis Fromages et charcuterie à foison (p. 29)

2-Be Chocolats, bières, genièvre et autres spécialités belges (p. 43)

Chocolate Line Boutique du célèbre chocolatier Dominique Persoone (p. 62)

La mode dans tous ses états, Bruges

L'Héroïne Modèles de grands stylistes belges (p. 29)

Madam Mim Vêtements d'occasion ou réalisés avec des tissus vintage (p. 29)

Olivier Strelli Prêt-à-porter chic pour hommes et femmes (p. 43)

Passages couverts, Bruxelles

Galeries royales Saint-Hubert Shopping dans un décor de 1847 (p. 76)

Passage du Nord Bar à huîtres, boutique de chocolats et autres sous une jolie verrière (p. 84)

Boutiques spécialisées, Bruxelles

Boutique Tintin Albums, T-shirts, figurines, etc. (p. 83)

De Biertempel Le "temple de la bière" (p. 84)

Boutiques spécialisées, Bruges

't Apostelientje Articles en vraie dentelle artisanale (p. 31)

Rombaux Magasin de musique familial fondé en 1920 (p. 42)

De Striep La BD dans tous ses états (p. 63)

Envie de... Musées et galeries

Bruxelles et Bruges témoignent d'une tradition picturale vieille de plusieurs siècles, ainsi que de modes d'expression artistique modernes : sculptures impertinentes ou fresques de BD. Mais c'est le surréalisme, avec Magritte (1898-1967), qui reflète le mieux le sens belge de l'absurde. Son homme au chapeau melon est même devenu un emblème national.

Art ancien

La distinction entre peintres hollandais et flamands apparut à la fin du XVIe siècle. Au XVe siècle, des artistes sollicités par la noblesse ou le clergé pour immortaliser scènes historiques, religieuses ou de la vie quotidienne influèrent sur l'art européen. Ils sont connus sous le nom de primitifs flamands, parmi lesquels figurent Van Eyck (v. 1390-1441), Van der Weyden (1399-1464) ou Memling (v. 1440-1494). Le XVIe siècle porte la marque d'une dynastie : Pieter Bruegel l'Ancien (v. 1525-1567), ses fils Pieter (Bruegel le Jeune) et Jan (Bruegel de Velours). Né en Allemagne, Rubens (1577-1640) retourna à Anvers, ville d'origine de ses parents, et mêla les styles flamand et italien pour réaliser des œuvres religieuses et mythologiques aux nus voluptueux de style baroque.

Art contemporain

Le milieu de l'art contemporain est très dynamique. Quelques noms : Panamarenko (né en 1940), dont les sculptures combinent des engins volants réels et imaginaires ; Jan Fabre (né en 1958), plasticien, chorégraphe et metteur en scène ; Luc Tuymans (né en 1958), pour ses peintures porteuses de messages politiques ; et Eddy Stevens, qui emprunte à Rubens en ajoutant des clins d'œil surréalistes.

ILPO MUSTO/ALAMY©

Les primitifs flamands en majesté

Musées royaux des Beaux-Arts (Bruxelles) Œuvres inestimables de Rogier van der Weyden et de ses contemporains (p. 88)

Groeningemuseum (Bruges) Tableaux de Jan van Eyck, de Hans Memling et consorts (p. 46)

Memlingmuseum (Bruges) Six pièces maîtresses du grand Hans Memling (p. 48)

Arts décoratifs en folie, Bruxelles

Musées Royaux des Beaux-Arts Trésor des styles Art nouveau et Arts déco (p. 88)

La Chute d'Icare (1558), de Bruegel l'Ancien

Musée Horta Splendide maison de Victor Horta dessinée par lui-même (p. 116)

Musées thématiques, Bruxelles

Musée du Costume et de la Dentelle Usages de la dentelle dans l'habillement au fil des siècles (p. 74)

Musée du Cacao et du Chocolat Tout sur les fameuses pralines belges (p. 74)

Musée des Instruments de musique Pour voir et entendre des instruments du monde entier (p. 90)

Musée Magritte Peintures, films, photos et dessins surréalistes (p. 89)

Musée BELvue Voyage à travers l'histoire de la Belgique (p. 95)

Musées thématiques, Bruges

Kantcentrum Pittoresque musée de la Dentelle où l'on peut voir les dentellières à l'œuvre (p. 31)

Museum voor Volkskunde Charmant musée du folklore installé dans une *godshuis* (p. 30)

Choco-Story Tout ce que vous avez toujours voulu savoir sur le chocolat (p. 34)

't Begijnhuisje museum Pour découvrir l'intérieur d'une maison du béguinage (p. 51)

Frietmuseum Le musée de la Frite, une exclusivité belge (p. 35)

Diamantmuseum Pierres précieuses et démonstrations de polissage de diamant (p. 54)

Envie de... Parcs et jardins

Non contents d'offrir une bouffée d'air pur, les parcs et jardins forment souvent des oasis d'art, d'histoire et de culture. Bruxelles est plus verdoyante que vous l'imaginez ; le site www.ecli.net/rbc répertorie tous les îlots de végétation de la capitale belge et de sa région. Bruges abrite aussi d'agréables coulées vertes le long de ses canaux, dont une semée de moulins à vent en activité.

Bruxelles

L'espace vert le plus fréquenté du centre-ville est l'élégant parc de Bruxelles, à l'ombre du palais Royal et du palais de la Nation, où l'on vient déjeuner, faire du jogging ou se promener avec ses enfants. Aménagé au XVIIIe siècle sur un ancien terrain de chasse, il fut le théâtre de sanglants combats qui précédèrent l'indépendance de la Belgique en 1830. Près du quartier de l'Europe, le vaste parc du Cinquantenaire est bordé de musées. À l'extrémité sud-est de la ville, le bois de la Cambre s'étend jusqu'à la forêt de Soignes, tandis qu'au nord-ouest, le parc de Laeken, planté de châtaigniers et de magnolias, rejoint l'Atomium.

Se mettre au vert à Bruges

Minnewater Le " lac d'Amour", dans un écrin de verdure sillonné d'allées (p. 57)

Begijnhof Paisible jardin du béguinage, couvert de jonquilles au printemps (p. 50)

Se mettre au vert à Bruxelles

Parc du Cinquantenaire Pour concilier nature et culture (p. 104)

Parc Léopold Une respiration bienvenue au cœur du quartier de l'Europe (p. 111)

Envie de... Visiter avec des enfants

Certes les boutiques de chocolats et le musée de la BD s'adressent avant tout aux adultes, mais il est certain que les enfants auront plaisir à découvrir Bruges et Bruxelles. Voyager entre ces deux villes s'avère très facile, d'autant que les trajets en train débutant après 9h sont gratuits pour les moins de 12 ans accompagnés d'un majeur.

JEAN-BERNARD CARILLET/GETTY IMAGES©

Informations pratiques

Beaucoup de B&B et d'hôtels disposent de lits pour enfants, mais mieux vaut les réserver avant d'arriver. Les poussettes ne sont pas d'un grand secours, car il faut descendre et monter d'innombrables escaliers et manœuvrer dans les rues pavées et sur les trottoirs étroits. Les repas ne devraient pas poser de difficultés, même dans les grands restaurants. Les petits Belges sont plutôt calmes et l'on attendra de votre progéniture un comportement similaire. Si les restaurants prêtent généralement des chaises hautes et proposent parfois un menu enfant, renseignez-vous quand même à l'avance. Les petits quémanderont sans doute des frites et des gaufres à longueur de journée, mais au moins ils n'auront pas faim.

Quand il pleut à Bruges

De Striep La caverne d'Ali Baba de la bande dessinée (p. 63)

Diamantmuseum Des démonstrations de polissage de diamant pour les plus âgés (p. 54)

Musée du Cacao et du Chocolat Fabrication et dégustation de chocolat (p. 74)

Musée Scientastic Découvrir la science en s'amusant (p. 75)

Quand il pleut à Bruxelles

Centre Belge de la Bande Dessinée Dédié au culte de Tintin (p. 70)

Théâtre royal de Toone Spectacles de marionnettes traditionnelles (p. 82)

Attractions familiales, Bruxelles

Manneken Pis Le petit bonhomme qui déride les enfants grognons (p. 74)

Jeanneke Pis Pendant féminin du précédent (p. 74)

Le Village de la Bande Dessinée Plats et décor sur le thème de la BD (p. 99)

Parcours BD Cinquante fresques géantes à travers la ville (p. 74)

Musée des Sciences naturelles Les dinosaures font toujours des merveilles (p. 109)

Envie de... Architecture

Les styles architecturaux qui s'entremêlent à Bruges et à Bruxelles retracent leur histoire et constituent l'un des attraits majeurs de ces villes. L'édifice le plus insolite du pays est l'Atomium, création futuriste imaginée dans la capitale à l'aube de la conquête spatiale. Si l'architecture contemporaine reste un peu à la traîne, comme en témoignent les immeubles de bureaux banals du quartier de l'UE à Bruxelles, quelques réalisations se démarquent dans le paysage urbain, notamment la Concertgebouw en brique rouge de Bruges.

Historique

C'est l'architecture médiévale – austérité romane et flamboyance gothique – qui a d'abord laissé son empreinte. L'Italie influencera, au XVIe puis au XVIIe siècle, la Renaissance et le baroque flamands, ce dernier parfaitement illustré par les maisons des corporations de la Grand-Place de Bruxelles, rebâties après le bombardement de la ville en 1695.

Art nouveau

L'Art nouveau, né à la fin du XIXe siècle, occupe une place prépondérante en Belgique, notamment à Bruxelles où Horta l'introduisit. Il se caractérise par des spirales, des courbes sinueuses et des motifs floraux, et l'utilisation de matériaux comme le fer forgé, le verre, les bois précieux et le marbre. Au milieu du XXe siècle, la ville subit une vague de démolition qui anéantit nombre de trésors de ce style. Ainsi, la Maison du Peuple signée Horta fut détruite en 1965, provoquant l'indignation de la communauté internationale et la création de lois de protection du patrimoine.

☑ À savoir

On peut découvrir de plus près l'architecture bruxelloise grâce à l'**ARAU** (Atelier de Recherche et d'Action Urbaines ; carte p. 72, D2 ; www.arau.org ; blvd Adolphe Max 55 ; avr–mi-déc), une association animée par des habitants, qui organise des circuits en bus (17 €) et à pied (10 €) permettant, entre autres, de visiter des monuments fermés au grand public. Réservez directement ou par l'intermédiaire de l'office du tourisme.

JEAN-PIERRE LESCOURRET/CORBIS©

Décor Art nouveau du café Falstaff, Bruxelles

Art nouveau, Bruxelles

Musée Horta Maison du maître de l'Art nouveau belge (p. 116)

Musée des Instruments de musique Dans le bâtiment Old England de 1899 (p. 91)

Centre Belge de la Bande Dessinée Anciens grands magasins de tissus conçus par Horta (p. 70)

Falstaff Bar au décor d'Émile Houbion (p. 81)

Maison Cauchie Joyau de 1905 dans le quartier de l'UE (p. 105)

Églises médiévales, Bruxelles

Église Notre-Dame du Sablon Édifice gothique tardif sur une jolie place (p. 94)

Cathédrale des Saints-Michel et Gudule Trois siècles d'architecture (p. 94)

Église Notre-Dame de la Chapelle La doyenne de la capitale (p. 94)

Églises médiévales, Bruges

Jeruzalemkerk Inspirée du Saint-Sépulcre de Jérusalem (p. 31)

Onze-Lieve-Vrouwekerk (Notre-Dame) Église du XIIIe siècle qui dissimule un marbre de Michel-Ange (p. 53)

St-Salvatorskathedraal (Saint-Sauveur) Cathédrale gothique recélant des trésors artistiques (p. 53)

Monuments phares, Bruxelles

Grand-Place Cœur de la vieille ville, entourée par les maisons des corporations (p. 68)

Galeries royales Saint-Hubert Somptueux passage couvert coiffé d'une verrière (p. 76)

Palais de Justice Construction de 1879 imitant un temple pharaonique (p. 95)

Berlaymont Bâtiment en forme d'étoile de la Commission européenne (p. 111)

Monuments phares, Bruges

O.L.V-ter-Potterie (Notre-Dame de la Poterie) Hôpital médiéval converti en musée (p. 34)

Concertgebouw Salle de concert d'architecture contemporaine (p. 61)

Envie de... Fêtes et festivals

Lorsque la Belgique est en fête, rien ne peut l'arrêter, pas même les aléas d'une météo notoirement capricieuse. Bruxelles et Bruges accueillent chacune des événements variés, en particulier en milieu d'année. Et la proximité entre ces villes rend possibles les escapades en train de l'une à l'autre. Outre les sites Internet des offices du tourisme, le magazine hebdomadaire *Agenda* (www.brusselsagenda.be), en français, anglais et flamand, constitue une bonne source d'information. Pour nombre de manifestations, les dates changent d'une année sur l'autre ; renseignez-vous en ligne.

Jusqu'au bout de la nuit

Le premier samedi d'octobre, Bruxelles organise sa **Nuit Blanche** (www.brusselsinternational.be) à l'instar de Paris. Projections, créations artistiques contemporaines, spectacles de cirque, fêtes, concerts et bien d'autres choses encore se succèdent alors jusqu'au petit jour en différents lieux de la ville.

Procession du Saint-Sang

À l'occasion du **Heilig-Bloedprocessie** (www.holyblood.com), le jour de l'Ascension, une fiole censée contenir le sang du Christ est promenée dans Bruges, accompagnée de groupes folkloriques, de chars et de parades en costume. Cette fête religieuse remontant au Moyen Âge, de loin la plus importante de la ville, réunit plus de 3 000 participants et entre 30 000 et 45 000 spectateurs.

En avant la musique, Bruxelles

Ars Musica (mars ; www.arsmusica.be) Ce festival accessible à tous est une immersion dans la musique contemporaine.

Jazz Marathon (fin mai ; www.brusselsjazzmarathon.be) Le jazz s'invite trois jours durant avec 125 concerts gratuits en plein air et plus de 400 artistes.

Les Nuits Botanique (mai ; www.lesnuits.be) Douze jours de rock, reggae, ska, hip-hop, electro, folk, rap, blues et autres genres musicaux dans le jardin botanique.

Couleur Café (fin juin ; www.couleurcafe.be) Ce festival métissé se veut celui de toutes les musiques. Il s'étale sur trois jours et a notamment accueilli James Brown et UB40.

En avant la musique, Bruges

Musica Antiqua (août ; www.festival.be) Outre des concerts,

WANG XIAOJUN/XINHUA PRESS/CORBIS©

Musiciens lors du Jazz Marathon de Bruxelles

ce festival de musique ancienne propose des ateliers pratiques axés par exemple sur la restauration de clavecin.

Klinkers (août ; www.klinkers-brugge.be) Après onze jours de musique, place au *Benenwerk*, un bal où l'on danse sur des rythmes allant de la salsa au disco.

Bière et chocolat

Choco-Laté, Bruges (avril ; www.choco-late.be) S'il se résume certaines années à un simple petit marché au chocolat, ce rendez-vous se décline parfois en dégustations, soins de beauté, duos vin-chocolat et "village pour enfants".

Week-end de la bière, Bruxelles (septembre ; www.weekenddelabiere.be) La Grand-Place se mue en un véritable village de stands de bière et de produits dérivés (chopes, sous-bocks, etc.). Entrée gratuite et boissons à prix raisonnable.

Autres manifestations, Bruxelles

Dring Dring (mai ; www.dringdring.be) Pour la semaine du vélo, achetez ou louez une bicyclette d'occasion, apprenez à déjouer les pièges de la circulation et participez à un circuit guidé.

Ommegang (juillet ; www.ommegang.be) Née au XIVe siècle, cette procession prit tout son faste lors de la visite de Charles Quint en 1549. C'est cette dernière qui est aujourd'hui reconstituée par une parade en costume de la place du Grand Sablon à la Grand-Place illuminée.

Brussels Summer Festival (août ; www.infofestival.be) On se bouscule pendant dix jours pour assister à plus de 140 spectacles gratuits (concerts, théâtre pour enfant, etc.), avec nombre d'artistes locaux.

Festival de la bande dessinée (octobre ; www.comicsfestivalbelgium.com) Découvrez les dessinateurs et les scénaristes qui se cachent derrière les héros les plus célèbres de la BD belge.

Envie de… Circuits organisés

En bus ou bateau

Bruxelles sur l'eau (☎02-203 64 06 ; www.scaldisnet.be ; ave du Port ; circuit du port, 45 min, adulte/tarif réduit à partir de 4/3 € ; ⏱14h, 15h, 16h et 17h, mer et dim mai-sep) Une façon unique d'appréhender la capitale : plusieurs excursions didactiques sillonnent les canaux ; il existe aussi des croisières accompagnées d'un verre et de musique.

Brussels City Tours (☎02-513 77 44 ; www.brussels-city-tours.com ; rue de la Colline 8 ; adulte/tarif réduit/enfant 26/23/13 € ; ⏱toutes les 30 min, 10h-15h) Le "Grand Tour de Ville" englobe tous les sites majeurs, de l'Atomium au quartier de l'UE en passant par les bâtiments Art nouveau. Il débute par une visite à pied de la Grand-Place et se poursuit en bus.

À vélo

Brussels Bike Tours (☎0484 89 89 36 ; www.brusselsbiketours.com ; circuit avec location de vélo adulte/étudiant 22/25 € ; ⏱10h fév-nov, 10h et 15h avr-sep) Ces circuits de 4 heures (12 participants maximum) partent de l'hôtel de ville, sur la Grand-Place. Les arrêts frites et bières le long du parcours sont en sus.

Quasimundo Bike Tours (☎050 33 07 75 ; www.quasimundo.com ; circuit avec location de vélo adulte/étudiant 25/23 € ; ⏱10h mars-oct) Cette excursion classique de 2 heures 50 permet d'explorer Bruges, ses ruelles étroites, ses murailles médiévales, ses moulins à vent et, bien sûr, ses canaux. La formule "Border by Bike" (4 heures) conduit jusqu'à la frontière hollandaise via Damme, le château d'Oostkerke, des voix d'eau et encore des moulins.

Visiter autrement

Promenades en calèche (Markt, Bruges ; 30 min, 39 € par calèche ; ⏱9h-début de soirée, selon la demande) Malgré leur côté touristique et un peu kitsch, ces promenades vous en apprendront beaucoup sur Bruges et ne manquent pas d'un certain charme rétro.

PASCALE BEROUJON/GETTY IMAGES©

☑ À savoir

Procurez-vous la brochure gratuite de USE-IT, qui décrit des itinéraires hors des sentiers battus à travers Bruxelles.

USE-IT (☎02-725 52 75 ; www.use-it.be ; Steenkoolkaai 9B ; ⏱10h-13h et 14h-18h lun-sam) Des visites gratuites informelles de différents quartiers de Bruxelles, qui mettent l'accent sur la vie locale et la société plutôt que l'histoire. Départ du bureau situé à Sainte-Catherine.

Carnet pratique

Carnet pratique

Arriver à Bruxelles et à Bruges

☑ **Conseil** Pour trouver le meilleur moyen de vous rendre à votre hébergement, voir p. 17.

Aéroport de Bruxelles

L'aéroport international de Bruxelles (www.brussels airport.be) se trouve à 14 km au nord-est de la ville. Le hall d'arrivée (niveau 2) abrite un bureau de change (attention aux taux), des agences de location de voitures et un office du tourisme. Le terminus des bus et la consigne se trouvent au niveau 0 et la gare ferroviaire au niveau 1.

➡ Le **Brussels Airport Express** dessert environ 4 fois par heure, entre 5h26 et 0h36 (5h17 et 23h50 le week-end) la gare du Nord (18 minutes), la gare Centrale (22 minutes) et la gare du Midi (30 minutes). L'aller simple coûte 4,40/2,90 € (1re/2e classe).

➡ Les bus express de la compagnie privée **MIVB/STIB** (www.stib.be) relient l'aéroport à la station de métro Schuman, et celle-ci à la gare Bruxelles-Luxembourg (ligne 12 en semaine et 11 le week-end). Les bus roulent régulièrement de 7h à 20h - en dehors de ces horaires, ainsi que le week-end, ils ont leur terminus à la station Schuman ; le trajet dure environ 30 minutes (3 €).

➡ Un bus **DeLijn** (www.delijn.be) relie également l'aéroport à la gare du Nord (3 €), mais le Brussels Airport Express est beaucoup plus rapide.

➡ Un taxi pour le centre de Bruxelles coûte environ 35 €.

Aéroport de Charleroi Bruxelles-Sud

Le deuxième aéroport de Bruxelles (www.charleroi-airport.com) est à 46 km au sud-est de la ville. Il est principalement desservi par les compagnies aériennes *low cost* comme Ryanair.

➡ Des bus pour la gare du Midi de Bruxelles partent 30 minutes environ après l'arrivée des vols (11/20 € aller/aller-retour ; 1 heure).

➡ Des bus directs pour Bruges circulent aussi 4 fois par jour (20/38 € aller/aller-retour ; 2 heures).

Gare du Midi de Bruxelles

➡ Deux trains par heure circulent entre Bruxelles et Bruges (à partir de 18 € l'aller simple ; 50 minutes).

Gare ferroviaire de Bruges

➡ La gare de Bruges est située à 1,5 km au sud de Markt.

➡ Des bus réguliers relient la ville, ou vous trouverez facilement un taxi.

➡ Des trains pour Bruxelles via Gand circulent deux fois par heure. Des trains partent toutes les heures à destination d'Anvers, de Knocke, d'Ostende et de Zeebrugge via Lissewege.

Depuis la France

➡ Le plus rapide est d'emprunter les trains **Thalys** (www.thalys.com) qui arrivent gare du Midi. Ils relient Paris à Bruxelles (1 heure 30) et à Bruges. L'**Eurostar** (www.eurostar.com) propose des liaisons entre Bruxelles et Lille (34 minutes), d'où vous pouvez prendre un TGV pour Paris (1 heure).

➡ Bruxelles est reliée à Paris par les bus d'**Eurolines** (www.eurolines.fr). Le trajet dure 3h40 et les tarifs sont moins élevés que par le train. **IDBUS** (www.idbus.fr), à des tarifs également très intéressants (à partir de 19 €) assure la même liaison.

➡ En voiture, Bruges se trouve à 295 km de Paris, et Bruxelles à 305 km (compter 3h à 3h30). Pour voyager à moindre coût, tentez aussi le covoiturage (www.covoiturage.fr).

Depuis la Suisse

➡ Bruxelles est principalement desservie depuis Genève par **easyJet** (www.easyjet.com), **Brussels Airlines** (www.brusselsairlines.com) et **Swiss** (www.swiss.com), à partir de 180 € l'aller-retour. Des offres promotionnelles sont régulièrement disponibles sur Internet à partir de 50 €.

Depuis le Canada

➡ Il n'y a pas de vols directs entre le Canada et la Belgique. Les correspondances s'effectuent soit à Paris (Air France), soit aux États-Unis (Air Canada, United, entres autres). Il faut compter au minimum 1 200 $C pour un vol Montréal-Bruxelles.

Comment circuler

Vélo

☑ **Idéal pour**... vivre comme un Bruxellois/Brugeois

➡ **Villo!** (☎ 07-805 11 10 ; http://en.villo.be ; ⏲ 24h/24) est un parc de 180 stations libre-service pour la location de courte durée de vélos à Bruxelles. Il faut d'abord s'acquitter des droits d'inscription, et le prix est ensuite calculé en fonction de votre utilisation et débité sur votre compte bancaire.

➡ À Bruxelles, vous pouvez prendre votre vélo dans le métro et le tramway, sauf aux heures de pointe (7h à 9h et 16h à 18h30), après avoir acheté une carte d'abonnement valable un an (15 €).

➡ **Cycling In Brussels** (www.bicycle.irisnet.be) dispose de cartes et d'informations. Bruges est une ville idéale pour les cyclistes ; vous pourrez vous rendre partout rapidement, y compris sur la côte.

➡ Pour la location de vélos à Bruges,

notamment de tandems, essayez **Eric Popelier** (☎ 050 34 32 62 ; www.fietsenpopelier.be ; Mariastraat 26 ; par h/demi-journée/journée 4/8/12 €, tandem par h/demi-journée/journée 10/17/25 € ; ⏲ 10h-18h).

Bateau

☑ **Idéal pour**... une escapade romantique à Bruges

➡ Des bateaux partent toutes les 20 minutes environ des quais au sud du Burg, notamment Rozenhoedkaai et Dijver.

➡ Les croisières durent environ 30 minutes (adulte/enfant 7,60/3,40 €)

➡ Attention à l'affluence en été.

Voiture et moto

☑ **Idéal pour**... l'indépendance

➡ Les transports publics sont le moyen le plus simple de se déplacer à Bruxelles ; le moindre problème paralyse la circulation automobile, surtout le vendredi après-midi.

➡ À Bruxelles, des panneaux indiquent quand le stationnement est payant dans la rue, en général entre 9h et 13h et entre 14h et 19h du lundi au samedi.

➡ Les principaux loueurs de voitures disposent de bureaux à la gare du Midi et à l'aéroport, mais les locations depuis leurs agences du centre-ville sont généralement moins chères. Essayez **Avis** (☎ 02-537 12 80; www.avis.be ; rue Américaine 145) ou **Budget** (☎ 02-646 51 30 ; www.budget.be ; ave Louise 91).
La circulation étant très difficile à Bruges (voies à sens unique), la meilleure solution pour les automobilistes consiste à se garer dans le parking couvert situé à côté de la gare, qui pratique des tarifs raisonnables.

Métro, prémétro et bus

☑ **Idéal pour**... les quartiers excentrés de Bruxelles

➡ Le vaste réseau de bus et de tram de Bruxelles ne dispose pas d'une plate-forme de correspondance. Munissez-vous d'une carte du réseau STIB/MIVB gratuite avant de vous aventurer trop loin.

➡ Le prémétro (tramway effectuant une partie du trajet sous terre) relie la gare du Nord à la gare du Midi via la Bourse.

➡ La fréquence n'est pas très élevée : les métros circulent toutes les 10 ou 15 minutes.

➡ Les transports publics de Bruxelles fonctionnent entre 6h et 0h. Au-delà, vous devrez prendre un taxi, sauf le vendredi et le samedi où 17 bus de nuit Noctis circulent (3 € l'aller simple) 2 fois par heure entre 0h et 3h. La plupart partent de la place de Brouckère.

Taxi

☑ **Idéal pour**... les sorties tardives

➡ Les taxis officiels (noirs ou blancs) facturent 2,40 € la prise en charge et 1,35/2,70 € par kilomètre à l'intérieur/à l'extérieur de Bruxelles. Un supplément de 2 € est exigé en tarif de nuit (22h à 6h). L'attente coûte 25 € par heure.

➡ Les taxes et les pourboires sont normalement inclus dans le prix, et vous n'êtes donc pas tenu de régler les éventuels suppléments exigés par le chauffeur.

➡ Les taxis à Bruxelles attendent près des trois principales gares ferroviaires, devant l'Hôtel Amigo, près de la Grand-Place et place Stéphanie, sur l'avenue Louise.

➡ Les chauffeurs ont la réputation d'être agressifs et de conduire trop vite. En cas de problème, vous pouvez contacter le numéro gratuit 0800 940 01 ; le reçu, que le taxi doit légalement imprimer, fait figurer le numéro d'identification du véhicule à quatre chiffres.

➡ À Bruxelles, appelez **Taxis Bleus** (☎ 02-268 00 00) ou **Taxis Verts** (☎ 02-349 49 49).

➡ À Bruges, les taxis attendent au Markt et devant la gare ferroviaire. Sinon, vous pouvez appeler le 050 33 44 44 ou le 050 38 46 60.

Infos pratiques

Argent

➡ **Monnaie** La Belgique utilise l'euro (€). Pour connaître les taux de change en vigueur, consultez www.xe.com.

➡ **DAB** Très nombreux à Bruxelles et à Bruges.

➡ **Cartes de crédit** Visa et MasterCard sont les cartes de crédit les plus largement acceptées. Les cartes American Express et Diners Club sont admises dans les établissements haut de gamme.

➡ **Bureaux de change** On trouve des bureaux de change (*wisselkantoren* en néerlandais) dans les aéroports et les gares ferroviaires, ainsi que dans la plupart des sites touristiques. De moins en moins d'établissements acceptent les chèques de voyage.

➡ **Pourboire** Le pourboire est facultatif, et les prix des hôtels et des restaurants incluent la TVA. Il est courant d'arrondir la note d'un ou deux euros au restaurant

Tickets et cartes

À Bruxelles, les titres de transport sont valables 1 heure et vendus dans les stations de métro, aux kiosques STIB/MIVB, chez les marchands de journaux et dans les bus et les trams. Un ticket STIB/MIVB coûte 1,80 € à l'unité (correspondance comprise), tandis qu'une carte d'une journée (trajets illimités) coûte 6 €. Notez que les bus de l'aéroport ne pratiquent pas la même tarification et que les compagnies comme De Lijn (bus flamands), TEC (bus wallons) ou SNCB/NMBS (train) pratiquent des tarifs plus élevés. Les enfants de moins de six ans voyagent gratuitement. Les tickets doivent être validés en début de parcours dans les machines situées à l'entrée des quais de métro ou à bord des bus et des trams. Vous risquez une amende avec un billet non composté ; des contrôles sont régulièrement effectués.

et dans les taxis. Dans les toilettes publiques, il est de coutume de laisser un pourboire aux gardiens (0,30-0,50 €).

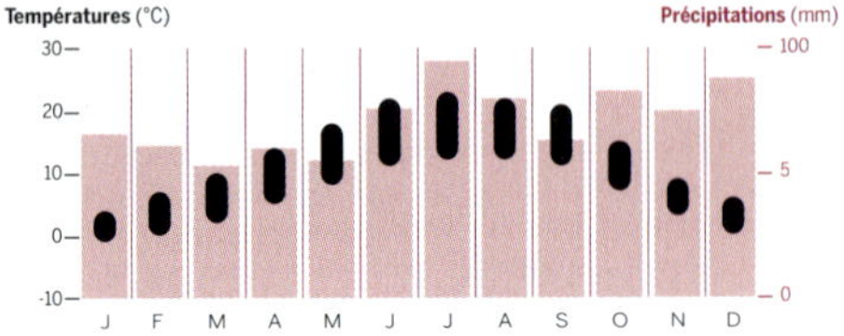

Climat

➡ **Hiver (nov-fév)** Journées courtes et froides, avec des chutes de neige occasionnelles. Les musées et les attractions sont moins fréquentés et les prix sont généralement plus bas. Une bonne période pour visiter Bruges.

➡ **Printemps (mars-mai)** Temps froid à doux ; souvent humide et venteux. Les principaux sites sont de plus en plus fréquentés ; les parcs et les jardins commencent à fleurir.

➡ **Été (juin-août)** Temps surtout ensoleillé, malgré quelques averses. Pleine saison touristique. Le moment idéal pour les festivals de musique.

➡ **Automne (sept-nov)** Temps doux et variable. Bonne période pour les visites culturelles.

Circuits organisés à Bruxelles

➡ **Brussels by Water** (☎02-203 64 06 ; www.scaldisnet.be ; av. du Port ; croisières dans le port de 45 min adulte/tarif réduit à partir de 4/3 € ; ⏲14h, 15h, 16h et 17h mar, mer et dim mai-sept). Les canaux offrent une perspective intéressante (mais un peu industrielle) sur la capitale.

➡ **Pro Velo** (☎02-502 73 55 ; www.provelo.org ; rue de Londres 15 ; circuits à partir de 8 €). Propose des circuits autoguidés à vélo.

Circuits organisés à Bruges

➡ **Croisières sur les canaux** Plusieurs compagnies font partir des bateaux depuis les quais Dijver, Rozenhoedkaai et le pont Blinde Ezelstraat. En été, les croisières débutent toutes les 20 minutes environ.

➡ **Balades en calèche** (39 € par calèche pour une balade de 30 minutes). Des circuits touristiques mais instructifs d'un point de vue historique ; départ du Markt.

➡ **Quasimundo bike tours** (☎050 33 07 75 ; www.quasimundo.com ; location du vélo incluse adulte/étudiant 25/23 € ; ⏲10h mars-oct). Circuits guidés à vélo dans les ruelles de Bruges.

Électricité

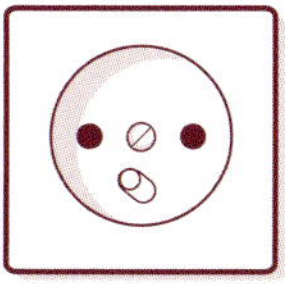

230 V/50 Hz

Handicapés

En Belgique, les édifices anciens posent de gros problèmes aux voyageurs à mobilité réduite. Certains bâtiments publics sont équipés d'ascenseur ou de rampes d'accès, mais ils ne constituent pas la majorité. Une loi de 2000 oblige les architectes à construire des bâtiments (notamment les hôtels et les magasins) accessibles aux handicapés, mais il reste du chemin à parcourir.

À l'extérieur, les personnes en fauteuil roulant sont confrontées aux rues pavées à chaussée inégale, aux trottoirs étroits et aux marches trop hautes. Pour voyager avec la compagnie ferroviaire nationale, les personnes en fauteuil doivent prévenir une heure à l'avance. Le site Internet des Chemins de fer belges fournit des renseignements détaillés aux passagers à mobilité réduite (www.b-rail.be/nat/E/practical/limitedmobility). Vous pouvez aussi contacter le service clientèle. Seules quelques stations de métro bruxelloises sont équipées d'un ascenseur, mais leur nombre augmente constamment. Par ailleurs, de nouveaux tramways sont peu à peu mis en circulation à Bruxelles ; ils sont dotés de sièges en cuir et surtout accessibles aux fauteuils roulants.

☑ **Conseil** À Bruxelles, les **Taxi Hendriks** (☎ 02-752 9800 ; www.hendriks.be en français et néerlandais) peuvent transporter les personnes en fauteuil roulant.

Horaires d'ouverture

Dans ce guide, seuls les horaires différents des horaires habituels sont mentionnés.

➡ **Restaurants** 11h30 à 15h et 18h30 à 23h.

➡ **Brasseries** 11h à 1h.

➡ **Cafés** 10h à 5h ; l'heure de fermeture est décidée chaque soir en fonction de l'affluence.

➡ **Banques** 9h à 15h30.

➡ **Magasins** 9h à 18h du lundi au samedi ; certains ouvrent le dimanche.

☑ **Conseil** Les bureaux de poste fonctionnent généralement de 9h à 17h du lundi au vendredi et de 9h à 12h le samedi. Les petits bureaux ferment à la pause déjeuner, les plus grands restent ouverts jusqu'à 18h.

Jours fériés

Nouvel An 1er janvier

Lundi de Pâques mars/avril

Fête du travail 1er mai

Ascension 40 jours après Pâques

Pentecôte 7e lundi après Pâques

Fête de la communauté flamande 11 juillet

Fête nationale 21 juillet

Assomption 15 août

Toussaint 1er novembre

Armistice 11 novembre

Noël 25 décembre

Offices du tourisme

Bruxelles

➡ **Visit Brussels** (☎02 513 89 40 ; http://visitbrussels.be ; Rue Royale 2 ; ⏲9h-18h lun-ven, 10h-18h sam-dim) fournit quantité d'informations précieuses sur la capitale ; un autre bureau est installé sur la **Grand-Place**.

➡ **Use-It** (☎02-725 52 75 ; www.use-it.be ; Steenkoolkaai 9B ; ⏲10h-13h et 14h-18h lun-sam). Sympathique office du tourisme destiné aux jeunes ; propose également des circuits touristiques alternatifs.

Bruges

➡ L'office du tourisme de Bruges, **In & Uit Brugge** (☎050 44 46 46 ; www.brugge.be ; 't Zand 34 ; ⏲10h-18h lun-dim), se situe dans le Concertgebouw (salle de concerts), un édifice contemporain en brique rouge.

➡ Un petit office du tourisme (⏲10h-17h lun-ven, 10h-14h sam-dim) est installé à l'intérieur de la gare ferroviaire.

☑ **Bon plan** Les très réussis guides/cartes USE-IT dispensent une foule de bons plans avec un humour décapant.

Réductions

☑ **Conseil** Si vous comptez multiplier les visites de sites et les trajets en transports en commun, la Brussels Card et la Bruges Card permettent de faire de sérieuses économies (elles donnent aussi droit à des réductions dans une sélection de salles de concerts, de restaurants et de bars).

➡ Nombre de sites et de lieux de divertissement accordent des réductions aux étudiants et aux enfants, mais les familles bénéficient rarement de tarifs spéciaux.

➡ Pour profiter de réductions dans les musées, les cinémas et les trains, les étudiants doivent présenter une International Student Identity Card (ISIC). Les seniors ont souvent droit à des tarifs réduits, de même que les personnes handicapées.

Sécurité

La Belgique a un taux de criminalité assez bas, se limitant à de menus larcins, en particulier dans les grandes villes. À Bruxelles, les pickpockets sévissent sur la Grand-Place, dans les rues étroites autour de l'Îlot Sacré, dans la rue Neuve et dans les marchés de la gare du Midi et de la place du Jeu de Balle.

Téléphone

Téléphones portables

La Belgique utilise le système GSM (900/1800), compatible avec tous les téléphones tri-bandes et avec les téléphones vendus dans le reste de l'Europe, mais non avec ceux d'Amérique du Nord (à l'exception des GSM 1900/900) – renseignez-vous si vous êtes canadien.

Indicatifs

Depuis l'étranger, le code d'accès de la Belgique est le 32. Les codes régionaux de chaque ville sont inclus dans les numéros de téléphone locaux, et doivent être composés même si vous appelez depuis la même région. Les numéros de téléphone indiqués dans ce guide comportent les codes régionaux.

Astuces pour dépenser moins

- Les deux villes proposent d'intéressantes cartes de réduction pour les musées, les transports, les restaurants et les lieux culturels (voir www.bruggecitycard.be pour Bruges, ou www.brusselscard.be pour Bruxelles).
- Le premier mercredi de chaque mois, la plupart des musées de Bruxelles sont gratuits à partir de 13h.
- Le bureau Arsène à l'office du tourisme de Bruxelles propose des billets à prix cassés pour divers événements culturels (rue Royale 2 ; 12h-17h mar-sam).
- Les marchés alimentaires proposent des produits de qualité à prix raisonnable pour les voyageurs séjournant en appartement.

Appeler en Belgique et à l'étranger

- Les cabines téléphoniques acceptant les cartes à unités (vendues dans les bureaux de poste, les centraux téléphoniques, les marchands de journaux et les boutiques de téléphonie) sont les plus courantes.
- Vous pouvez utiliser Skype pour appeler à l'étranger depuis les cybercafés et les ordinateurs mis à disposition dans certaines auberges.

Numéros utiles

- **Renseignements internationaux** (1405). En anglais.
- **Code d'accès international** (00)
- **Opérateur international** (1324)

Toilettes

Les toilettes publiques sont généralement propres et bien entretenues. Vous serez regardé de travers ou réprimandé si vous partez sans laisser de pourboire aux gardiens (0,30-0,50 €) ; ceci est valable pour les hommes et les femmes.

Urgences

- **Ambulance/pompiers** (100)
- **Police** (101)
- **Service d'assistance** (02-648 40 14) Disponible 24h/24 à Bruxelles.
- **SOS Viol** (02-534 36 36). À Bruxelles. Numéro d'urgence en cas de viol.

Visas

- Les citoyens de l'Union européenne ne doivent accomplir aucune formalité douanière.
- Les ressortissants du Canada et de Suisse peuvent séjourner dans le pays sans visa, comme touristes, pour un séjour de 3 mois au maximum.
- Vous trouverez plus d'information sur le site du ministère des Affaires étrangères (www.diplomatie.be) de Belgique.

Langue

La population belge se divise entre la Flandre néerlandophone (*Vlaandereni en néerlandais*) au nord et la Wallonie francophone au sud, sans oublier les petits cantons germanophones dans l'est du pays.

Bruges, ville flamande, est néerlandophone. Il n'est pas toujours bien vu d'y parler français. En revanche, à Bruxelles, officiellement bilingue, le français s'est depuis longtemps imposé.

Notez que Lonely Planet propose un Guide de conversation Néerlandais (voir notre site : **lonelyplanet.fr**).

Néerlandais – l'essentiel

Bonjour.
Dag./Hallo. — *daRh/Ha·lō*

Au revoir.
Dag. — *daRh*

Comment allez-vous ?
Hoe gaat het met u? — *hou Rhāt Heut mèt ū*

Bien. Et vous ?
Goed. En met u? — *Rhout èn mèt ū*

S'il vous plaît.
Alstublieft. — *al·stū·blift*

Merci.
Dank u. — *dank ū*

Excusez-moi.
Excuseer mij. — *èks·kū·zéer mey*

Oui./Non.
Ja./Nee. — *yā/né*

Parlez-vous français ?
Spreekt u Fransse? — *sprékt ū frans*

Je ne comprends pas.
Ik begrijp het niet. — *ik bœ·Rhreyp Heut nīt*

Néerlandais – boire et manger

Je voudrais le menu, s'il vous plaît.
Ik wil graag een menu. — *ik vil RhrāRh eun mœ·nū*

Que conseillez-vous ?
Wat kan u aanbevelen? — *vat kan ū ān·bœ·fé·leun*

Délicieux !
Heerlijk!/Lekker! — *Hér·leuk/lé·keurr*

Santé !
Proost! — *prōst*

Puis-je avoir l'addition, s'il vous plaît ?
Mag ik de rekening alstublieft? — *maRh ik deu ré·keu·ning al·stū·blift*

petit-déjeuner
ontbijt — *ont·beyt*

déjeuner
middagmaal — *mi·daRh·māl*

dîner
avondmaal — *ā·vont·māl*

bière	*bier*	*bīr*
pain	*brood*	*brōt*
café	*koffie*	*ko·fi*
poisson	*vis*	*fis*
viande	*vlees*	*vlés*
noix	*noot*	*nōt*

vin rouge	*rode wijn*	*rō·deu veyn*
thé	*thee*	*té*

Néerlandais – achats

Je voudrais acheter...
Ik wil graag ... kopen. — *ik vil RhrāRh ... kō·peu*

Je regarde.
Ik kijk alleen maar. — *ik keyk a·lén mār*

Combien ça coûte ?
Hoeveel kost het? — *Hou·vël kost Heut*

C'est trop cher.
Dat is te duur. — *dat is tœ dur*

Vous pouvez baisser le prix ?
Kunt u wat van de prijs afdoen? — *kunt ū vat fan deu preys af·doun*

Vous en avez d'autres ?
Heeft u nog andere? — *Héft ū noRh an·deu·reu*

Néerlandais – urgences

Au secours !
Help! — *Hèlp*

Laissez-moi tranquille !
Laat me met rust! — *lāt meu mét rust*

Appelez la police !
Bel de politie! — *bèl deu pō·li·si*

Appelez un médecin !
Bel een dokter! — *bèl eun dok·teur*

Je suis malade.
Ik ben ziek. — *ik bèn zik*

Je suis perdu.
Ik ben verdwaald. — *ik bèn feur·dvālt*

Où sont les toilettes ?
Waar zijn de toiletten? — *vār zeyn deu toa·lé·teun*

Néerlandais – temps et nombres

Quelle heure est-il ?
Hoe laat is het? — *Hou lāt is Heut*

Il est 10 heures.
Het is (tien) uur. — *Heut is (tīn) ūr*

(10) heures et demie.
Half (elf). — *half (èlf)* (lit: la demie avant onze)

matin	*'s ochtends*	*soRh·teuns*
après-midi	*'s middags*	*smi·daRhs*
soir	*'s avonds*	*sā·vonts*
hier	*gisteren*	*Rhis·teu·reun*
aujourd'hui	*vandaag*	*van·dāRh*
demain	*morgen*	*mor·Rheun*

lundi	*maandag*	*mān·daRh*
mardi	*dinsdag*	*dins·daRh*
mercredi	*woensdag*	*vouns·daRh*
jeudi	*donderdag*	*don·deur·daRh*
vendredi	*vrijdag*	*frey·daRh*
samedi	*zaterdag*	*z·teur·daRh*
dimanche	*zondag*	*zon·daRh*
1	*één*	*én*
2	*twee*	*tvé*
3	*drie*	*drī*
4	*vier*	*fīr*
5	*vijf*	*feyf*
6	*zes*	*zès*
7	*zeven*	*zé·veun*
8	*acht*	*aRht*
9	*negen*	*né·Rheun*

10	*tien*	*tīn*
100	*honderd*	*Hon·deurt*
1 000	*duizend*	*deuy·zeunt*

Néerlandais – transports et orientation

Où est... ?
Waar is ...? *vār is ...*

Quelle est l'adresse ?
Wat is het adres? *vat is Heut a·drès*

Pouvez-vous m'indiquer (sur la carte) ?
Kunt u het mij tonen (op de kaart)? *kunt ū Heut mey teu·neun (op deu kārt)*

S'il vous plaît, emmenez-moi à...
Breng me alstublieft naar ... *brèng mey al·stū·blift nār ...*

A quelle heure est-ce qu'il part ?
Hoe laat vertrekt het? *Hou lāt feur·trékt Heut*

Un ticket pour... s'il vous plaît.
Een kaartje naar graag. *eun kār·tyeu nār ... ... RhrāRh*

Je voudrais louer une bicyclette.
Ik wil graag een fiets huren. *ik vil RhrāRh eun fits hü·reu*

Hébergement

Bruxelles et Bruges possèdent des hébergements de qualité dans toutes les gammes de prix. Ne vous attachez pas trop aux étoiles : dans le Benelux (Belgique, Nederland, Luxembourg), les hôtels sont classés de une à cinq étoiles selon des critères pratiques (ascenseur, service dans les chambres, etc.), qui ne rendent pas forcément compte de l'ambiance, de la qualité, de l'emplacement ou du prix.

À **Bruxelles**, on dénombre pas moins de 14 000 chambres d'hôtel. La plupart sont occupées en semaine par des fonctionnaires de l'UE et des touristes d'affaires ; de fait, les visiteurs profitent souvent de réductions intéressantes, en particulier le week-end. Les hôtels de catégorie supérieure facturent en général un supplément pour le petit déjeuner pendant le week-end, mais ils proposent de copieux buffets. Certains établissements de catégories moyenne ou supérieure baissent leurs tarifs pendant les vacances d'été (de mi-juillet à mi-septembre).

Bruxelles dispose d'un nombre croissant de chambres d'hôtes (B&B, ou *gastenkamers* en flamand). Beaucoup peuvent être réservées par l'intermédiaire de **Bed&Brussels** (www.bnb-brussels.be), qui offre divers forfaits.

La capitale compte en revanche relativement peu d'auberges de jeunesse HI (Hostelling International, voir le site www.hihostels.com).

Bruxelles est une ville compacte : où que vous logiez dans le centre, vous ne serez jamais loin de l'animation. Les réservations peuvent se faire via l'office du tourisme de Bruxelles (p. 157), sur le site www.visitbrussels.be.

À **Bruges**, la situation est diamétralement opposée : les hôtels sont bondés et les prix tendent à augmenter le week-end. Réservez longtemps à l'avance pour la saison haute (de Pâques à fin octobre) et pour le mois de décembre et ses marchés de Noël. De plus en plus de chambres d'hôtes (B&B) voient le jour à Bruges, qui compte par ailleurs plus d'auberges de jeunesse que Bruxelles. L'office du tourisme (p. 157) effectue les réservations gratuitement.

Se loger à Bruxelles

Catégorie luxe

Conrad

02 542 42 42 ; www.conradhotels.com ; av. Louise 71, Ixelles ; M Louise

Les accros du shopping ne trouveront pas meilleure adresse à Bruxelles que ce somptueux hôtel de la chaîne Hilton.

Hôtel Amigo

02 547 47 47 ; www.hotelamigo.com ; rue de l'Amigo 1-3, Ville basse ; M Gare Centrale, Bourse ;

De loin la meilleure adresse de Bruxelles, cet hôtel restauré il y a quelques années jouxte la Grand-Place. Son service, son décor tendance et ses détails soignés (des gravures de René Magritte et des reproductions de Tintin) le démarquent de ses concurrents.

Hôtel Métropole

02 217 23 00 ; www.metropolehotel.com ; place de Brouckère 31, Ville basse ; M De Brouckère ;

Le Métropole, l'hôtel le plus vieux de la ville, a fêté ses 110 ans en 2005. Il marie de nombreux styles : Renaissance française pour le hall, Empire pour la réception et Art nouveau dans quelques chambres.

Stanhope

02 506 91 11 ; www.stanhope.be ; rue du Commerce 9, Ville haute ; M Trône ;

À l'instar du quartier, cet hôtel *so british* fait dans la sobriété. Constitué à l'origine de trois hôtels particuliers, l'hôtel s'est agrandi, mais les chambres anciennes ont plus de charme que les nouvelles, résolument tournées vers le XXIe siècle. La clientèle rassemble quelques personnalités, mais l'ambiance reste décontractée.

Catégorie supérieure

Hôtel Astoria

02 227 05 05 ; rue Royale 103, Ville haute ; M Botanique ;

Avec une élégance typique du début du XXe siècle, la majesté de cet hôtel construit en 1909 frappe dès l'entrée : les vitraux et le plafond de verre Arts déco sont éblouissants. L'Astoria est classé monument historique, mais à l'éclat du passé il ajoute tout le confort moderne, dont le Wi-Fi !

Hôtel Le Dixseptième

02 517 17 17 ; www.ledixseptieme.be ; rue de la Madeleine 25, Ville basse ; M Gare Centrale ;

Situé dans la première rue pavée de Bruxelles, près de la Grand-Place, ce magnifique hôtel occupe, en partie, un édifice datant du XIVe siècle. Magnifiquement rénovées, les 12 chambres qui donnent sur la façade avant sont enchanteresses.

Hôtel Le Plaza

02 278 01 00 @ www.leplaza-brussels.be ; bd Adolphe Max 118-126 ; M Rogier ;

Récemment restauré, l'hôtel attire des stars qui savent qu'elles seront reçues ici dans les formes. Spacieuses, les chambres dites standard sont superbes, mais celles de luxe rénovées permettent un *check out* (départ de la chambre) plus tardif et incluent un somptueux petit-déjeuner. Lunettes de stars et réservation sous pseudonyme sont de rigueur !

Hôtel Manos Premier

02 537 96 82 ; www.manoshotel.com/premier ; chaussée de Charleroi 100-106, Saint-Gilles ; M Louise ;

Grand frère cinq-étoiles du Manos Stéphanie (ci-dessous), le Manos Premier est encore plus attrayant et reposant. Avec seulement

35 chambres de charme et 15 suites, agrémentées de meubles Louis XV et Louis XVI, c'est une adresse intime, dotée d'un ravissant jardin, d'un hammam et d'un restaurant français raffiné, le Kolya.

Hôtel Manos Stéphanie

02 539 02 50 ; www.manoshotel.com/stephanie ; Chaussée de Charleroi 28, Saint-Gilles ; M Louise ;

À proximité des boutiques de luxe de l'avenue Louise, cette adresse semble posséder plus de miroirs, de tableaux et d'antiquités que le musée de l'Ermitage ! L'étonnement passé, on découvre un hôtel bien tenu, convivial et, surtout, avec du charme à revendre.

Hôtel du Grand Sablon

02 518 11 00 ; www.nh-hotels.com ; Rue Bodenbroek 2-4, Sablon M Porte de Namur ;

Cet hôtel accueillant et élégant de 6 étages est situé sur la place du Grand Sablon, où se retrouvent amateurs d'antiquités, mordus de chocolats et habitués des cafés. Les chambres, toutes très belles, sont équipées d'un accès Wi-Fi. Quatre étages sont non-fumeurs.

Hôtel Avenue Louise

02 535 95 00 ; Rue Blanche 4-6, Ixelles ; M Louise ;

En raison de son emplacement, cet hôtel attire en semaine une clientèle d'affaires. Le week-end, les tarifs baissent, l'atmosphère est plus détendue et la clientèle se fait plus touristique. Les chambres sont très confortables.

Royal Windsor Hotel

02 505 55 55 ; www.royalwindsorbrussels.com ; rue Duquesnoy 5, Grand-Place, Ville basse ; M Gare Centrale ;

Malgré une apparence vieillotte, cet hôtel de 6 étages (dont 3 sont non-fumeurs) est situé près de la Grand-Place. Ses chambres standard, au style contemporain, sont d'un bon rapport qualité/prix. Mention spéciale pour les *fashion rooms*, décorées chacune de manière unique par un artiste local (la "rétro-futuriste" est signée Marina Yee).

Catégorie moyenne

Atlas

02 502 60 06 ; www.atlas-hotel.be ; rue du Vieux Marché aux Grains 30, Ville basse ; M Sainte-Catherine ;

Dans un quartier paisible, près de la place Sainte-Catherine et des boutiques de la rue Antoine Dansaert, cet hôtel agréable et rénové il y a peu abrite 88 chambres avec kitchenette (idéales pour les familles). La plupart donnent sur une cour calme. Accès Wi-Fi.

Chambres en Ville

02 512 92 90 ; Rue de Londres 19, Ville haute ; M Trône

Trésor caché dans un coin de la ville haute, cette chambre d'hôtes très appréciée loue 4 chambres agréables et lumineuses. Chacune est décorée selon un thème différent, telles "la vie d'artiste". Les œuvres des propriétaires eux-mêmes sont exposées dans les chambres.

Phileas Fogg B&B

0495 220 985 ; www.phileasfogg.be ; Rue Van Bemmel 6, Saint-Josse ; M Madou ;

La décoration excentrique des quelques chambres est le point fort de cette chambre d'hôtes du quartier Saint-Josse, situé à 15-20 minutes de marche de la Grand-Place de Bruxelles. La *Blue Room*, avec son parquet ciré, son futon et ses antiquités, est la plus demandée. Il existe aussi une suite pour 4 personnes.

Comfort Art Hotel Siru

02 203 35 80 ; place Rogier 1, Saint-Josse ; M Rogier

Voilà un édifice, transformé en hôtel en 1932, guère mis en valeur par les enseignes "Comfort". Ne vous laissez pas aveugler : l'intérieur ne manque pas de charme, avec des chambres et des espaces communs agrémentés d'œuvres d'art contemporaines. Toutes les chambres sont différentes, ce qui compense l'exiguïté de la plupart d'entre elles.

Hôtel Arlequin

02 514 16 15 ; rue de la Fourche 17-19, Ville basse ; M De Brouckère ;

Ce trois-étoiles très correct loue 92 chambres rénovées, à quelques pas de la Grand-Place et de certains clubs. Chambres plaisantes, avec Wi-Fi, mais un peu quelconques. Vue panoramique depuis la salle du petit-déjeuner.

Hôtel du Congrès

02 217 18 90 ; www.hotelducongres.be ; rue du Congrès 42, Madou ; M Madou ;

À 10 minutes à pied du centre-ville, cette adresse, composée de quatre demeures rénovées, est agréable, propre et confortable. Élégamment aménagé, l'intérieur abrite une ravissante salle du petit-déjeuner et un accès Wi-Fi.

Hôtel Le Dôme

02 218 06 80 ; www.hotel-le-dome.be ; bd du Jardin Botanique 9-12-13, Ville basse ; M Rogier ;

Derrière une magnifique façade Art nouveau, l'intérieur de cet hôtel déçoit par son manque d'élégance. L'annexe, un peu plus loin, est encore moins avenante. Mieux vaut réserver dans le bâtiment principal, de préférence les chambres d'angle, pleines de charme. D'un bon rapport qualité/prix, l'établissement est à deux pas de la rue Neuve.

Hôtel Mozart

02 502 66 61 ; www.hotel-mozart.be ; rue du Marché aux Fromages 23, Ville basse ; M Gare Centrale ;

Inutile de dire de quel compositeur sont les œuvres classiques qui servent de fond sonore à ce charmant hôtel de 50 chambres situé à deux pas de la Grand-Place. L'extérieur peut paraître décevant, mais l'intérieur, rempli d'antiquités, est merveilleux. Les simples sont assez petites, mais les doubles sont plus luxueuses et bien plus grandes que les chambres à lits jumeaux.

Hôtel Noga

02 218 67 63 ; www.nogahotel.com ; rue du Béguinage 38, Ville basse ; M Sainte-Catherine ;

Dans une rue paisible du quartier Sainte-Catherine, cette excellente option offre un service sympathique et un intérieur magnifique et singulier. Les chambres sont plus simples que les beaux espaces communs, mais elles sont impeccables. Les clients ont accès à une salle de billard, au Wi-Fi et à une belle bibliothèque de guides de voyages et de romans.

Hôtel Saint-Michel

02 511 09 56 ; www.atgp.be ; Grand-Place 15, Ville basse ; M De Brouckère, Bourse ;

Unique hôtel réellement situé sur la Grand-Place, le Saint-Michel occupe la plendide maison des ducs de Brabant, mais il n'est pas aussi somptueux que l'on pourrait l'imaginer. Toutefois, la vue sur la place (et ses flots de visiteurs) est fantastique. On choisira une chambre avec vue sur ce trésor architectural.

Petits budgets

Hôtel à la Grande Cloche

02 512 61 40 ; www.hotelgrandecloche.com ; Place Rouppe 10, Marolles ; M Gare du Midi, Anneessens

Sur la paisible place Rouppe, à environ 10 minutes à pied de la Grand-Place, cet établissement est situé dans le centre, mais à l'écart de la foule. Les chambres, grandes et rénovées, offrent un excellent rapport qualité/prix. La qualité du service ajoute à la bonne ambiance générale.

Hôtel Galia

02 502 42 43 ; www.hotelgalia.com ; Place du Jeu de Balle 15-16, Marolles ; M Porte de Hal

Surplombant le célèbre marché aux puces des Marolles, cet hôtel sans prétention, dans un quartier plein de caractère, est orné d'une fresque de style BD. Récemment agrandi, il est propre, bien tenu et d'un bon rapport qualité/prix.

Se loger à Bruges

Catégorie supérieure

Hotel De Orangerie

050 34 16 49 ; www.hotelorangerie.com ; Karthuizerinnenstraat 10 ;

Merveilleusement situé, ce superbe hôtel de charme (20 chambres dont certaines donnent sur le canal), est installé dans un ancien couvent du XVe siècle, décoré d'antiquités et d'objets d'art. Les personnes avec enfant pourront profiter du service de baby-sitting pour s'offrir un dîner romantique.

Hôtel Manoir RED

050 33 70 70 ; Nieuwe Gentweg 53 ;

Ce bâtiment du XVIIIe siècle abrite un hôtel et un bon restaurant. Les 8 chambres, spacieuses, sont meublées à l'ancienne – sauf la n°7, au design italien. Adorable terrasse, bar-salon pittoresque et beau jardin, ouvert en été.

Relais Ravestein

050 47 69 47 ; www.relaisravestein.be ; Molenmeers 11 ;

Le Ravestein est tout simplement incontournable pour les amateurs d'hôtels design. L'établissement, agréablement situé au bord d'un canal, possède 15 suites, de formes et de tailles variées, équipées de Jacuzzi, de TV à écran plat et de l'accès Wi-Fi (gratuit). Il possède un restaurant correct et plusieurs excellentes tables sont implantées à proximité, dans Langestraat.

The Pandhotel

050 34 06 66 ; www.pandhotel.com ; Pandreitje 16 ;

Un bel hôtel à l'atmosphère intime, niché dans une jolie rue arborée à quelques minutes à pied de la Grand-Place. Construit dans une ancienne remise pour calèches, il offre tout le confort moderne. Les 23 chambres, toutes différentes, comptent de superbes objets d'art. Service chaleureux, œufs tout chauds au petit-déjeuner et ambiance romantique.

Catégorie moyenne

Anselmus Hotel

050 34 13 74 ; www.anselmus.be ; Riddersstraat 15 ;

Petit hôtel méconnu, l'Anselmus est l'une de nos adresses favorites à Bruges. Idéal pour une escapade romantique, il cache, dans une élégante demeure du XVIe siècle, des chambres spacieuses et immaculées, décorées à l'ancienne. Calme, personnel chaleureux et bons petits-déjeuners.

Hôtel Adornes

050 34 13 36 ; www.adornes.be ; St-Annarei 26 ;

Une perle de 20 chambres, à la fois simples et de bon goût, dans une partie paisible du canal Sainte-Anne (St-Annarei). Le buffet du petit-déjeuner est servi dans une belle salle avec cheminée à foyer ouvert et le petit bar invite à s'attarder pendant les froides soirées d'hiver. Parfait pour les enfants, l'hôtel fournit notamment des petits lits. Prêt de vélos et parking gratuit.

Montanus Hotel

050 33 11 76 ; www.montanus.be ; Nieuwe Gentweg 78 ;

Implanté à l'écart du centre, cet établissement élégant n'en est que plus paisible. L'aile du jardin (de l'autre côté d'un grand jardin) accueille quelques-unes des 24 chambres, tandis que les grandes suites se trouvent dans le bâtiment principal, face à la route. Espaces communs assez chics, personnel serviable.

Petits budgets

Bauhaus

050 34 10 93 ; www.bauhaus.be ; Langestraat 135

Apprécié des jeunes voyageurs qui fréquentent également son bar-café, cet hôtel/auberge de jeunesse propose aussi bien des chambres doubles que des dortoirs. Chaleureux et propre, il fournit draps et serviettes.
Seul l'hôtel, qui pratique désormais des tarifs dignes des enseignes une-étoile, dispose de salles de bains particulières.

Hôtel Ter Reien

050 34 91 00 ; www.hotelterreien.be ; Langestraat 1 ;

Une adresse propre, correcte et très bien située – la vue, depuis certaines chambres, vous transporterait même à Venise. Le personnel est accueillant et le petit-déjeuner copieux. Des chambres triples et quadruples sont disponibles, ainsi qu'une charmante suite "lune de miel".

Hôtel Van Eyck

050 33 52 67 ; www.hotelvaneyck.be ; Korte Zilverstraat 7 ;

Cet hôtel, aménagé dans une bâtisse du XVIIIe siècle, dispose de 8 chambres (plus ou moins bien rénovées), desservies par un escalier en colimaçon. Les plus grandes chambres méritent le supplément. Le petit-déjeuner, simple, est servi dans une salle charmante, sur un fond sonore relaxant. Les gérants sont chaleureux. Accès Wi-Fi.

Passage

050 34 02 32 ; www.passagebruges.com ; Dweersstraat 26 ;

Si l'ambiance de son bistrot est remarquable, les chambres collectives à l'étage sont en revanche un peu froides. L'hôtel mitoyen, doté d'un personnel sympathique et serviable, loue de belles chambres propres (rénovées en 2004), d'un excellent rapport qualité/prix.

Index

Voir aussi les index des rubriques :
Prendre un verre p. 173
Se restaurer p. 173
Shopping p. 173
Sortir p. 174
Se loger p. 174

Référence des **sites**
Référence des **cartes**

Référence des **sites**
Référence des **cartes**

Prendre un verre

Se restaurer

Shopping

Sortir

Se loger

Bruxelles

Bruges

En coulisses

Vos réactions ?

Vos commentaires nous sont très précieux pour améliorer nos guides. Notre équipe lit vos lettres avec la plus grande attention et prend en compte vos remarques pour les prochaines mises à jour. Pour nous faire part de vos réactions, prendre connaissance de notre catalogue et vous abonner à notre newsletter, consultez notre site Internet : **www.lonelyplanet.fr**

Nous reprenons parfois des extraits de notre courrier pour les publier dans nos guides ou sites web. Si vous ne souhaitez pas que vos commentaires soient repris ou que votre nom apparaisse, merci de nous le préciser. Notre politique en matière de confidentialité est disponible sur notre site Internet.

Un mot de l'auteur

Un grand merci à tous ceux qui m'ont aidée en Belgique : Alice Chareunsy et Olivier Marette de VisitBrussels pour leur accueil ; Fernando Bischof pour sa visite guidée ; Freddy De Jaegar de Brussels Greeters pour m'avoir fait découvrir les Marolles ; Elien Raport et l'équipe USE-IT ; Laurent Gerbaud pour ses connaissances sur le chocolat ; et Anne de Meerleer à Bruges. À Lonely Planet, j'adresse tous mes remerciements à Jo Cooke, Annelies Mertens et Sam Forge pour leur aide précieuse, et à Anthony Ham pour ses conseils avisés.

Crédits

Photographie de couverture : Soleil couchant sur le beffroi de Bruges, Belgique, Deborah Lynn Guber/Getty Images.

À propos de cet ouvrage

Cette 2e édition du guide *Bruxelles et Bruges en quelques jours* est une traduction-adaptation de la 2e édition du guide *Pocket Bruges & Brussels*, commandée par le bureau Lonely Planet de Londres. elle a été rédigée par Helena Smith. La précédente édition avait été écrite par Catherine Le Nevez.

Traduction Frédérique Hélion et Marine Héligon

Direction éditoriale Didier Férat

Coordination éditoriale Christophe Escudero

Responsable prépresse Jean-Noël Doan

Maquette Pierre Brégiroux

Cartographie Cartes originales adaptées en français par Nicolas Chauveau

Couverture Adaptée en français par Annabelle Henry

Merci à Bernard Guérin pour sa relecture attentive du texte

L'auteur

Helena Smith

La première fois qu'Helena est allée à Bruxelles, elle s'est retrouvée à la porte de son hôtel et a été obligée de rester debout toute la nuit à l'Archiduc. Depuis, elle adore la Belgique pour sa passion du jazz et sa décontraction. Helen est auteur de guides de voyages et photographe. Elle tient aussi un blog axé sur la cuisine anglaise : eathackney.com.

Bruxelles et Bruges en quelques jours
2e édition
Traduit et adapté de l'ouvrage *Bruges & Brussels Pocket, 4th edition, December 2012*

Dépôt légal Mars 2013
ISBN 978-2-81610-984-9
Imprimé par L.E.G.O. Spa (Legatoria Editoriale Giovanni Olivotto), Italie
Réimpression 03, février 2015

En Voyage Éditions | un département place des éditeurs